张宇飞　主编

乒乓球运动教程

化学工业出版社

·北京·

内 容 简 介

《乒乓球运动教程》为中国大学MOOC（慕课）"乒乓球"的配套教材，在课程设计和知识体系上与线上课程一致。全书共分10章，内容包括乒乓球的基础理论、基本技术、战术、竞赛规则及裁判法等，重点难点部分全部配有视频讲解，扫码即可观看。为了帮助乒乓球爱好者养成锻炼习惯，培养终身运动的意识，书中还对乒乓球专项身体素质的训练方法进行了详细讲解和演示。

本书编写团队成员都接受过严格的乒乓球专业训练并具有丰富的教学经验，通过线上线下融合教学，使读者不仅能掌握正确协调的技术动作，稳步提高乒乓球运动技能，还能熟悉乒乓球竞赛组织和裁判的基本方法，提高比赛欣赏水平。

《乒乓球运动教程》既可作为普通高校大学生乒乓球课程教材，也可作为广大乒乓球爱好者健身的自学参考用书。

图书在版编目（CIP）数据

乒乓球运动教程 / 张宇飞主编. — 北京：化学工业出版社，2023.1

ISBN 978-7-122-42508-9

Ⅰ. ①乒… Ⅱ. ①张… Ⅲ. ①乒乓球运动－教材

Ⅳ. ①G846

中国版本图书馆 CIP 数据核字（2022）第 208173 号

责任编辑：宋 薇　　　　　　　　　　　　装帧设计：张 辉
责任校对：王鹏飞　　　　　　　　　　　　版式设计：水长流文化

出版发行：化学工业出版社（北京市东城区青年湖南街 13 号　邮政编码 100011）
印　　刷：北京云浩印刷有限责任公司
装　　订：三河市振勇印装有限公司
710mm×1000mm　1/16　印张 12　字数 256 千字　2023 年 6 月北京第 1 版第 1 次印刷

购书咨询：010-64518888　　　　　　　　　售后服务：010-64518899
网　　址：http://www.cip.com.cn
凡购买本书，如有缺损质量问题，本社销售中心负责调换。

定　　价：49.80 元

前　言

乒乓球是一项融力量、速度、灵敏性、协调性为一体，以有氧练习为基础，以移动快速、动作灵活为主要特征的体育运动。参与乒乓球运动可以提高人的身体素质，改善心血管系统和呼吸系统的功能，增强神经系统灵活性，提升心理抗压能力。乒乓球作为我国的"国球"，既是国际赛场上引以为傲的夺金竞技项目，也是深受人民群众喜爱的健身项目。

《乒乓球运动教程》为中国大学 MOOC（慕课）平台"乒乓球"课程的配套教材，该课程全国已有近 40 所高校选用，3 万余人次参与学习。书中内容以乒乓球运动最实用的技术和战术为切入点，结合操作性强的练习方法指导，通过"线上视频展示+线下教材巩固"的双向连接教学模式，帮助学习者稳步提升乒乓球技术水平。

全书共分 10 章，包括乒乓球的基础理论、技术、战术、竞赛规则及裁判法等。为了帮助初学者快速提升技术水平，书中还特别添加了综合身体素质和专项身体素质的练习方法。全书编写的主要特点是：在知识方面，帮助读者了解乒乓球的基本知识与理论；在能力方面，引导读者掌握正确的技术动作，提高自身运动技能，熟悉乒乓球竞赛组织和裁判的基本方法，提高比赛欣赏水平；在素质方面，帮助读者养成自我锻炼的习惯，促进身心全面发展，为终身体育打下良好基础。本书既可作为普通高校大学生乒乓球专项选修课用书，也可作为广大乒乓球爱好者进行健身锻炼的参考书。

《乒乓球运动教程》由东北财经大学体育教学部张宇飞担任主编，并负责编写第一章、第三章~第七章、第九章；由东北电力大学朱莉莉担任副主编，并负责编写第二章、第八章、第十章；参与内容编写和视频录制的还有张弛、宋跃洋、毛翌骁、王晨曦、逄健、张佳隽、戴秉钧、王晗烨、丛正、任艳路等。感谢东北财经大学体育教学部、教务处对教材编写工作的指导和支持。在此对编写过程中提供研究成果、经验体会、比赛案例、教学图片等资料的专家、学者、教练员及运动员等一并表示感谢。

限于时间和精力，教材中若有不足之处，恳请批评指正。

编者
2023 年 6 月

目 录

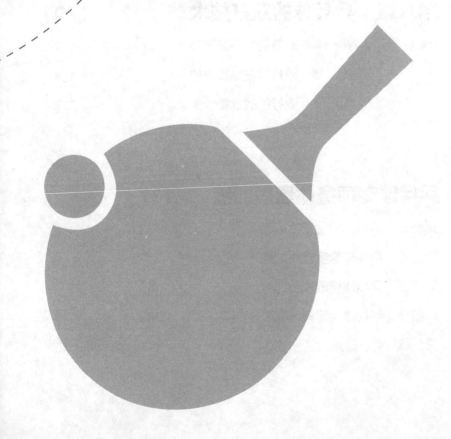

第一章
乒乓球运动简介

在世界运动史上，乒乓球运动可以算是一项较为年轻的体育运动，比起有两千多年历史的田径运动，它算是名副其实的后辈。从 19 世纪末的欧洲体育游戏，到 20 世纪初传入中国，发展成如今举世瞩目的世界性运动，乒乓球运动已经走过百年的发展历程，取得了长足的进步。国际乒乓球联合会是国际五大体育组织之一，是国际单项体育组织中成员国最多的协会，截至 2020 年 3 月成员协会已达到 226 个国家和地区。中国自 20 世纪 50 年代步入世界乒坛至今，取得了无数辉煌战绩，乒乓球也因此成为中国大众广泛参与的和最受欢迎的运动之一，被称为中国的"国球"。

第一节 | 乒乓球运动的起源

乒乓球运动起始于 19 世纪末，至今已有一百多年的历史，它经历了一个从无到有、从游戏到正式体育比赛项目、从区域性运动项目到全球性运动项目的发展历程。

一 游戏阶段

关于乒乓球运动的起源，有各种各样的版本和传说。

1. 羽毛球来源说

该传说认为乒乓球运动来源于古老的羽毛球游戏。国际乒乓球联合会（以下简称国际乒联）博物馆保存的资料显示，最初的羽毛球游戏是在中间无网的场地用拍子随意击打一种物体到对方区域的娱乐行为。从皮勒蒙（Pillement）的雕刻作品中（公元 1760 年）可以看出，两个小孩相对而立，正在一块空地上玩木拍击球游戏，场景酷似乒乓球运动的雏形。

2. 网球来源说

该传说认为乒乓球运动与网球运动有关。乒乓球运动的前身是网球，网球最初采用手掌心击打球，后来用皮革或者布来击打球，之后使用长而坚硬的实木棍击打球。到了 16 世纪，网球开始使用紧绷的线做成的球拍击打球，由此为乒乓球运动的产生奠定了基础。

3. 其他来源说

（1）哥伦布美洲探险说。传说哥伦布在美洲探险时，从印第安人那里带回一个橡胶球，在地上打来打去，人们非常喜欢这项活动，这就是乒乓球运动的雏形。

（2）日本宫廷毽子游戏说。匈牙利人凯伦写的《乒乓球的历史》一书提到，两千多年前，日本宫廷流行一种毽子游戏，乒乓球运动就是由这种游戏演变而成的。

（3）圣彼得堡飞球说。俄罗斯人伊凡诺夫撰写的《乒乓球教练法》一书提到，19 世纪初期，苏联的圣彼得堡流行着一种在空中打来打去的带羽毛的飞球游戏，球是用软木塞插上羽毛制成的。之后，这种游戏逐渐改革为室内游戏，中间安上球网，成为乒乓球的前身。

（4）**中国清初"柑子"游戏说。**清朝初期，云南、四川交界的苗族地区盛行一种"柑子"游戏，用长方木作拍子，梧桐或柑树果子晒干作球，在门板搭成的台子上打来打去，这是我国最早的类似乒乓球的一种游戏。

关于乒乓球运动起源版本的真实性无从考证，从现有的历史资料记载来看，国际乒联博物馆中保存的一本极为珍贵的木刻书（采用欧洲接骨木雕刻而成，1576 年出版于比利时北部安特卫普港）中有网球活动场景图（图 1-1），该图直观清晰地展示了古代网球所有的器材和场地，可见乒乓球受网球运动启发的可能性较大。

图 1-1　欧洲早年间的网球台与器材

关于乒乓球运动的国家起源，目前较为一致的观点是创始于英国。1880 年，英国的一家体育器材公司刊登的乒乓球器材广告上出现了最早关于乒乓球运动的文字记载，当时这项运动还不叫"乒乓球"，而是以"高西马""弗利姆-弗拉姆"等名称在英国盛行。最初这项运动作为一项游戏，并没有统一的规则。文献记载，19 世纪末，英国的一些大学生在室内以餐桌为球台，用书排成一排或者在两把高背椅之间拉一根线作为球网。在单局计分上，有 10 分或 20 分一局，也有 50 分或 100 分一局。对球拍的大小和样式也没有统一的规定，最初的球拍（图 1-2）只是两面贴有羔羊皮的空心球拍，球拍的长度类似小的网球拍。发球规则也很随意，可像打

网球一样直接发到对方台面，也可先发本方台面再跳至对方台面。最初使用的球是在橡胶或者软木实心球外部包一层轻而结实的毛线（图1-3）。这种游戏像是在桌上打网球，故而也有人称其为"桌上网球（table tennis）"。

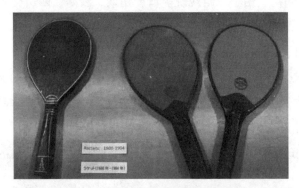

图1-2　最初使用的乒乓球拍

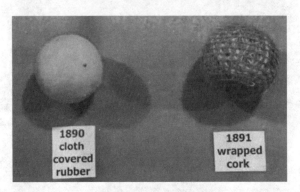

图1-3　最初使用的乒乓球

1890年，英国越野跑运动员詹姆斯·吉布（James Gibb）到美国旅行时，偶然发现了一种用赛璐珞制成的空心玩具球，弹跳力很强，于是产生了用小球代替橡胶球和软木球的想法，逐渐在英国乃至世界各地推广起来。根据此球在桌上打来打去发出"乒乓"的声音，英国一家体育用品公司首先用"乒乓"（ping-pong）一词作了广告上的名称，汉语中的乒乓球也是从声音上得名。

因此，在乒乓球运动众多起源传说当中，大多数人更加认同乒乓球运动1890年创始于英国，并由网球运动派生而来的说法。

这一时期，乒乓球运动尚处于游戏阶段，体现的基本特征是：乒乓球运动尚无统一的竞赛规则；处于普及、传播阶段，各国尚未成立乒乓球协会，也缺乏国际性的乒乓球运动组织机构；比赛地点和时间都不固定，处于随机状态；乒乓球运动自身项目特征不明显，带有明显的网球运动痕迹。

二 运动项目阶段

随着乒乓球游戏的流行，爱好者迅速从小众扩展到大众，从宫廷贵族普及到普通民众。由于乒乓球运动简单易行、趣味无穷，可让参加者获得轻松、愉快的运动体验，其娱乐性越来越受到大众的喜爱。随着这项游戏的发展和人们对游戏结果的追求，对乒乓球运动器材的要求也逐渐提高，出现了不同形式和材质的器材，尤以纯木板的乒乓球拍居多。对游戏结果的重视，也促成了标准的产生。只有当规则得到一定程度的遵从，游戏才能发挥出最大的效果。虽然初期的乒乓球游戏规则过于简单，仅寥寥几条，但也保证了比赛有据可依。

1902 年，一位叫库特的乒乓球爱好者参加了一场在伦敦举行的乒乓球比赛。第一天比赛结束后，他感觉身体不适便去药店买药，交款时发现出纳台上放着一块带颗粒的胶皮垫，那是为了防止硬币在柜台上滚动滑落而特制的。库特先生联想到自己的球拍如果贴上这层"颗粒皮垫"会是什么效果呢？说不定会出奇制胜！于是擅于创新的库特先生买下了这块胶皮垫，自己动手贴出了世界上第一块"胶皮拍"。第二天，他用令人诧异的新球拍战胜了所有对手，赢得了冠军。此后，胶皮拍逐渐得到推广，许多运动员采用胶皮拍进行运动和比赛。由于胶皮拍使击球的弹性、摩擦力增强，乒乓球的击打力量和旋转效果有了提升，乒乓球运动进入到旋转的世界，削球打法也由此产生。欧洲运动员的削球打法成了当时乒乓球运动发展的重要技术创新。

19 世纪末的工业革命时期，英国和欧洲其他国家出现了一些著名的乒乓球运动和比赛中心，且比赛多在女王大厅、水晶宫、黄金剧院举行。这些有序的乒乓球比赛多与宣传和推广乒乓球运动、商家推销乒乓球器材和产品有关。由于此时乒乓球运动主要流行于贵族阶层，与这一时期的社会和文化联系紧密，所以乒乓球运动不仅仅是作为一项运动或游戏传播，还融入了文化、教育等因素，为现代乒乓球运动的传播奠定了良好的基础。

这一时期，乒乓球运动已经从游戏阶段逐渐过渡到大众普及运动阶段，并受

到贵族阶层的推崇和传播，器材和打法也有了变化和更新，削球打法已经成为主流打法，各个协会和地区的乒乓球赛事规则也开始趋向于统一。

三 竞技运动阶段

1918 年之后，欧洲许多国家相继成立了乒乓球协会，乒乓球比赛开始在国家间展开，这在促进乒乓球技术发展的同时，也为国际乒乓球组织的建立奠定了基础。

1926 年 1 月，在柏林举办的一次乒乓球邀请赛期间，应德国勒赫曼博士的倡议，相关人员在柏林召开了一次关于建立乒乓球国际组织的座谈会，会议决定成立"国际乒乓球联合会"（简称"国际乒联"），并委托英国乒协举办第一届欧洲乒乓球锦标赛。第一届欧洲乒乓球锦标赛组织者邀请参赛的国家有德国、匈牙利、威尔士、英格兰、奥地利、瑞典、捷克斯洛伐克、印度和丹麦，共有 9 支球队 64 名运动员参加该次比赛。印度作为亚洲国家，提出了更改原定的"欧洲锦标赛"名称的请求，国际乒联当即决定将"第一届欧洲乒乓球锦标赛"更名为"第一届世界乒乓球锦标赛"（简称"世乒赛"），由此树立了世界乒乓球历史上第一个重要的里程碑，揭开了乒乓球运动新的发展篇章。

1926 年 12 月 12 日，国际乒联召开了第一次全体会议。会议通过了国际乒联章程，讨论并宣布了国际乒联的主要宗旨，决定每年举办一次世界乒乓球锦标赛，推选英国乒协负责人伊沃·蒙塔古为国际乒联第一任主席。

1926 年国际乒联的成立，标志着乒乓球运动完成了从最初的杂乱无章的自主游戏发展到运动项目再到竞技比赛的转变。在乒乓球游戏产生的最初阶段，其击球方式主要是挡球，游戏者站在球台的两端，把球挡来挡去，基本上没有什么技术可言。英国人库特发明了颗粒胶皮球拍，增加了球拍击球的弹性和摩擦力，产生了旋转，技术创新得以体现，削球技术出炉，并在国际乒联成立后的 20 多年时间一直处于主导地位，直到 20 世纪 50 年代海绵拍的出现，才开始改变削球技术流派主导的格局。

这一时期，乒乓球运动开始由运动项目逐渐向竞技比赛过渡，主要原因是国际乒联的出现实现了对乒乓球规则的统一制定，乒乓球赛事也逐步完善和规范。

第二节 | 世界乒乓球运动的发展

作为一项现代体育运动，乒乓球的竞赛历史甚至比足球世界杯还"古老"。首届世界杯足球赛在 1930 年才举办，排球则在 1940 年才举办首届世界锦标赛，而第一届世界乒乓球锦标赛早在 1926 年就举办了。

对世界乒乓球运动发展的回顾可以从以下几方面着眼：一是乒乓球运动发展的每个阶段都会出现成绩优异、技术和打法处于领先地位的代表性球队；二是每个阶段的乒乓球运动都会体现自身的特征；三是每个阶段都伴随着规则、器材的改变和技术的创新，从而将乒乓球运动带入一个全新的发展阶段。

第一发展阶段：欧洲全盛期（1926～1951）

欧洲在乒乓球运动发展的前期可谓是垄断了国际乒乓球竞技赛场，这一阶段，欧洲乒乓球运动十分兴盛，欧洲队占据绝对优势。从 1926 年第一届世乒赛到 1951 年第十八届世乒赛，除了第十三届在埃及举行外，其余都在欧洲举行，欧洲国家获得了 117 个冠军中的 109 个，代表国家是匈牙利，其中匈牙利的维克多·巴纳赢得 22 枚世乒赛金牌，包括 5 枚男单金牌。

这一时期的前段，稳削为主的打法占主导地位，这种打法很大程度受限于当时的器材，如球台窄（146.4cm）、网高（17cm）、使用软式球，这些因素都有利于采用削球打法的运动员取得好成绩。削球手之间的较量以稳健为主，看谁更有耐心，双方对搓，很难得分。第十届世界乒乓球锦标赛中奥地利对罗马尼亚的男团决赛共进行了 31h，一场单打比赛耗时 7.5h，一分球进行了 1.3h。正是由于比赛耗时过长，缺乏乐趣，逐渐偏离竞技运动原有的紧张、刺激和对抗性，国际乒联召开会议，研究决定在第十一届世乒赛后，加宽台面（152.5cm），降低球网高度（15.25cm），球改为硬球；在比赛时间上，一场三局两胜的单打比赛，不得超过 1h，一场五局三胜的比赛不得超过 1.75h（每局 21min）；同时增加了轮换发球法。这些条件都为攻球创造了有利条件。削攻结合打法逐渐发展起来，甚至还出现了以攻为主的打法，但攻球技术尚未成熟，还不能突破削球的坚固防线。

所以，1926～1951 年这 20 多年间，横拍削球和削攻结合打法是乒乓球运动的主流打法，欧洲国家占据绝对优势。

第二发展阶段：日本长抽打法称霸乒坛（1952～1959）

日本乒协于 1928 年加入国际乒联，1952 年首次参加世乒赛。手握海绵球拍、采用直拍全攻型打法的日本队，虽然只有 3 男 2 女参赛，却一鸣惊人地夺得了女团、男单、男双和女双 4 项冠军。这一打法能够获得成功，除了日本运动员的勤奋努力外，很大程度上得益于器材和竞赛规则的改进。1937 年乒乓球竞赛规则中关于加宽球台、降低网高和采用硬球的规定，对中远台长抽打法产生了积极的影响。此外，日本长抽进攻式打法跟海绵拍息息相关，之前常用的胶皮拍的击球力量和进攻威胁不足以攻破稳健的削球，而海绵拍力量大、速度快、攻球凶猛，结合灵活的步法移动打败了欧洲的下旋削球技术，从此使上旋打法占了优势。当时这种器材革新曾引起许多人的反对，甚至要求予以取缔。直到 1959 年，国际乒联才通过了对球拍规格化的决定：运动员只准使用木拍、胶皮拍和海绵拍（海绵上覆盖一层颗粒胶，颗粒可向里或向外，总厚度不得超过 4mm，其中颗粒胶的厚度不得超过 2mm）。

奥地利运动员在第十八届世乒赛上最先使用海绵拍，却无惊人的成就。而从 1952 年第十九届世乒赛到 1959 年第二十五届世乒赛，日本却用海绵拍创造了奇迹，使这一时期成了日本的称雄时期。这一时期举行过 7 届世乒赛，金牌共 49 枚，日本选手夺走了 24 枚，接近总数的一半。在第二十五届世乒赛上，日本运动员的发挥和竞技成绩达到了高峰状态，获得了 7 项冠军中除男子单打以外的 6 项冠军。

第三发展阶段：中国崛起于世界乒坛（1960～1965）

中国 1953 年成立国家乒乓球队，自此开始参加世乒赛，成绩也是节节升高。在打法上，中国运动员采用的是直拍近台快攻打法，这是对世界乒乓球实践规律不断总结并结合中国人自身速度优势特点的结果。在器材上，中国运动员采用的是正胶胶皮，这种胶皮的击球特点主要是进攻速度快，具有器材上的竞争优势。在 20 世纪 50 年代日本称霸世界乒坛的时候，中国队通过参加几届世乒赛，总结正反两面的经验教训，在技术上保持快和狠的特点，在训练上狠抓基本功，加强了击球的准确性和变化，提高了对削球的拉攻技术，逐渐形成和创造了以"快、准、狠、变"为技术风格的、独特的直拍近台快攻打法。

1959 年，中国运动员荣国团在第二十五届世乒赛上战胜匈牙利老将西多，获得男子单打冠军，这也是新中国成立以来我国运动员获得的第一个世界冠军。

在 1961 年第二十六届世乒赛中,中国队既过了欧洲削球关,又战胜了远台长抽加"弧圈球"打法的日本选手,第一次获得男子团体世界冠军,并连续获得第二十七届、第二十八届男子团体冠军,震撼了世界乒坛。中国近台快攻的优点是站位近、速度快、动作灵活、正反手运用自如,比日本远台长抽打法又向前发展了一步。在第二十六届至第二十八届的 3 届世乒赛中,世界冠军金牌共 21 枚,中国运动员共夺得 11 枚,占总数的 52%,这说明 20 世纪 60 年代,中国乒乓球的技术水平位于世界乒坛的最前列,技术优势由亚洲的日本转移到中国,也标志着中国乒乓球队已进入世界乒乓球运动先进行列。

第四发展阶段:欧亚对抗(1966 ~ 1979)

20 世纪 60 年代初,日本大学生中西义志创造了一种新技术——弧圈球,由于这项新技术当时还处于初级阶段(上旋强烈,但弧线高、速度慢),仅对削球打法显示出较大的优势,而对进攻型打法并未显示出多大的威力。20 世纪 70 年代,欧洲选手经过近 20 年的蛰伏,终于创出了一条新路,他们吸取了中国快攻打法和日本弧圈球打法的优点,创造出弧圈球结合快攻的新打法。1971 年,第三十一届世乒赛上,19 岁的瑞典选手本格森连续战胜了中国队和日本队的强手,一举夺得男单冠军。第三十二届世乒赛,瑞典获得男子团体冠军。

20 世纪 60 年代后期,中国队没有参加第二十九届、第三十届世乒赛,冠军是在欧洲国家、日本和朝鲜之间争夺的。朝鲜男队连续战胜欧洲强队,获得团体亚军,女队亦成为世界强队之一。当时,中国队也在积极发展新技术,除保持原有的近台快攻技术之外,开始采用反胶海绵拍学习弧圈球技术,还培养了新型的削球手,有的使用对付弧圈球的长胶颗粒拍,有的采用两面不同性能的胶皮。中国队在第三十三届和第三十四届世乒赛上重新夺回男女团体冠军,而在第三十五届世乒赛上,匈牙利队又从中国队手中夺走了斯韦思林杯,南斯拉夫运动员获得男双冠军。这些成绩标志着欧洲运动员采取弧圈球结合快攻打法,经过 20 年的努力,终于找到了方向,摸索出自己技术发展的道路,在技战术方面已经可以和亚洲各队抗衡了。

欧洲运动员创造的新打法,其特点是旋转强、速度快、能拉能打、低拉高打、正反手都能拉弧圈球、回球威胁性较大。他们把旋转和速度紧密地结合起来,把乒乓球技术又提高到一个新的水平。

第五发展阶段：中国攀高峰，乒乓球进入奥运时代（1980～1989）

1981 年，在第三十六届世乒赛上，中国队囊括了 7 个项目的冠军和 5 个单项亚军，创下了由一个国家包揽全部冠军的空前纪录。在此后的第三十七、三十八、三十九届世乒赛上，中国队均取得 6 项冠军，多国抗衡演变成"中国打世界"的局面。

1988 年，乒乓球运动被列为奥林匹克运动会的正式比赛项目，这大大推动了世界乒乓球运动的发展。乒乓球运动进入奥运时代。这一阶段，世界各国尤其是欧亚乒乓球强国，如瑞典、南斯拉夫、苏联、波兰、匈牙利、德国、朝鲜、韩国、日本和中国等，更加重视乒乓球的普及和提高。欧亚竞争更加激烈。

第六发展阶段：瑞典异军突起，中国触底反弹（1990～1999）

自乒乓球项目 1988 年进入奥运会以后，欧洲乒坛职业化迅速发展，各种比赛频繁，加上待遇优厚，极大地促进了欧洲乒乓球技术的发展。这一时期，弧圈球进攻技术在各类赛事中发挥了重要作用，主要特点有两方面：一是速度与旋转结合比较好；二是技术的主动性和稳定性比较高。这一时期的世乒赛和奥运会单打冠军中，87%的是弧圈球打法运动员。事实证明，弧圈球打法成了这个时期的主导性打法，以瑞典为首的男队，在打法和技术上已经领先中国队等亚洲球队。

中国男队在 20 世纪 80 年代末的沉寂之后，由男双项目率先突破，走出低谷，在第四十二届世乒赛上包揽冠亚军，男团也获得亚军。在天津举行的第四十三届世乒赛上，中国队从低谷奋起，实现全面反弹，再次夺得全部 7 个项目的冠军，真正重攀高峰，再创辉煌。第四十四、四十五届世乒赛中国又获 6 项冠军，重新迈入世界之巅。

欧洲国家乒乓球运动的兴起，也给中国乒乓球运动带来了动力，使中国乒乓球技术有了更多的创新与发展。同时，针对弧圈球技术的威胁，中国还创新了一些应对技术，使得中国直拍快攻打法在这一时期仍然占有一席之地。

第七发展阶段：进入大球时代，规则不断革新（2000～2014）

自 20 世纪末开始，国际乒联对乒乓球比赛规则进行了一系列改革：2000 年10 月，乒乓球由直径 38mm、质量 2.5g，改为直径 40mm、质量 2.7g；2001 年 9月乒乓球比赛由（每局）21 分制改为 11 分制；2002 年 9 月，乒乓球比赛执行发球无遮挡的规定；2008 年 9 月，禁止使用有机挥发溶剂胶水，改用水质胶水黏合球拍与胶皮；2014 年 7 月，赛璐珞球改为新塑料球。表 1-1 列出了这一时期乒乓球比赛规则的相关变化。

表 1-1 2000～2014 年乒乓球比赛规则变化一览表

年份	规则变化内容
2000 年	小球变大球，用直径 40mm、质量 2.7g 的大球代替原本直径 38mm、质量 2.5g 的小球
2001 年	21 分制变 11 分制，将原本每局 21 分改为 11 分，发球从原 5 个球一轮改为 2 个球一轮
2002 年	推行无遮挡发球
2003 年	同协会的奥运会两对双打选手必须抽在同一个半区
2004 年	削减奥运预选赛人数，将原本可派 3 人参加预选赛改为可派 1 人
2008 年	通过"海外兵团"限令，限制更改国籍的参赛运动员的年龄，不允许 21 周岁以上选手更改国籍去参加国际大赛；改用无机胶水，降低球拍弹性；男女双打项目调整为男女团体项目
2011 年	世乒赛之后，国际乒联最新排名上的前 28 位选手将获得直接晋级奥运会单打的资格，该名额原为前 20 位
2012 年	对于乒乓球单打比赛，每个国家或地区参赛队的参赛名额从原先的最多 3 个减为 2 个，且单打项目放在团体项目之前进行
2014 年	在国际比赛中使用新塑料球取代赛璐珞球，乒乓球直径略微上调，改为 40mm+

这些改革并非一蹴而就。例如，乒乓球由小变大，就经历了一番曲折的过程。20 世纪 80 年代初，就有人提出把乒乓球加大的建议，但这一建议没有得到人们的重视。此后，乒乓球运动技术不断发展，球速越来越快，旋转越来越强。运动员对阵时回合减少，也削弱了观众观看乒乓球比赛的兴趣，为此，徐寅生在担任国际乒联主席后把"更换大球"提上了议事日程。2000 年 2 月 23 日，国际乒联特别大会和代表大会在吉隆坡通过 40mm 大球改革方案，决定从 2000 年 10 月 1 日起，也就是在悉尼奥运会之后，乒乓球比赛将使用直径 40mm、质量 2.7g 的大球。

这些改革的目的有 3 个：

（1）增加击球回合，提高比赛的观赏性。

（2）增加比赛胜负的偶然性，打破由少数国家运动员包揽金牌的局面，促进乒乓球项目的良性竞争与可持续发展。

（3）扩大乒乓球运动市场，让更多国家和地区的人参与其中。

第八发展阶段：中国一枝独秀，世界"打"中国（2015 至今）

自 2008 年北京奥运会开始，中国队开始了对奥运会乒乓球项目冠军的包揽，直到 2021 年东京奥运会在混双项目的丢金。在世乒赛上，中国运动员 1981~2022 年共实现了 7 届世乒赛所有项目冠军的包揽。一家独大同样带来了乒乓球项目的危机，为此，中国队采取三方面的改革措施：一是继续实施"养狼计划"，指派优秀教练员和运动员到其他国家和地区指导和传授乒乓球技术；二是加强国际化联系，邀请其他国家运动员到中国各级乒乓球运动队交流学习，并在世乒赛双打比赛中，采取"中外配对"，其中较为成功的是我国乒乓球运动员许昕与韩国乒乓球运动员梁夏银合作获得 2015 年世乒赛混合双打冠军；三是持续打造中国乒乓球职业联赛，邀请国外优秀运动员加盟联赛，在相互学习、借鉴技术的同时扩大国际影响力。中国队的改革措施收到了良好的效果，同时，世界其他国家也正在学习中国队的有益经验，抓紧培养本国有潜力的乒乓球新人。其中，日本长远布局东京奥运会，自 2014 年起实施"断代工程和希望工程"，淘汰一批年龄较大、成绩不突出的运动员，大力培养一批年龄尚小、具备潜力的运动员，后者以张本智和、平野美宇、伊藤美诚为代表，在近些年的国际性乒乓球赛事中对中国队的霸主地位产生了一定的威胁。其他国家，包括德国、法国、瑞典、英国等，也涌现出一批优秀运动员，像波尔、奥恰洛夫、西蒙·高茨、法尔克、皮切福德等，南美的巴西和非洲的尼日利亚也涌现出雨果和阿鲁纳等优秀运动员。世界乒坛呈现出中国一枝独秀、其他各国追赶的格局。

第三节 | 中国乒乓球运动的发展

乒乓球传入中国的时间和地点，多数文献资料描述为：1904 年，上海四马路一家文具店的经理王道平从日本买来十套乒乓球器材，包括球台、球网、球和球拍，摆设店中，他亲自表演打乒乓球，并介绍在日本观看打乒乓球的情况。1916年，上海基督教青年会童子部添设了乒乓球房和球台，在学生中开展乒乓球活动。1925年，上海举行了中华队与旅华日侨之间的秋山杯赛，成为中日乒乓球交流的开端。1927年，中华队赴日进行访问比赛，同年8月参加了在上海举行的第八届远东运动会中日乒乓球表演赛。中日之间的比赛在当时引发了上海民众的极大关注。

1949年新中国成立后，在党和政府的重视和关怀下，我国的体育事业获得了新生。乒乓球因为对场地要求不高、简便易行，所以在全民运动热潮中开展得更为顺利。1952年10月，首都北京举行了第一次全国乒乓球比赛大会，与此同时，中华全国体育总会乒乓球部加入了国际乒联。1953年，中国乒乓球队建立。国家乒乓球队的建立带动了全民开展乒乓球运动的热潮。1955～1956年，北京相继举办了全国大中城市乒乓球联赛、十二城市工人乒乓球锦标赛。参赛城市运动员和市民的乒乓球热情得以激发，尤以上海市最为高涨。从此，全国乒乓球群众活动迅速发展起来，每年都要举行各种全国性的乒乓球比赛，掀起了乒乓球全民运动的热潮。

在扎实的乒乓球群众基础上，中国乒乓球也开始登上世界舞台。1953年春，中国乒乓球队首次参加了在布加勒斯特举行的第二十届世乒赛。在这次比赛中，中国队虽然打败了奥地利、瑞典、联邦德国等队，但却败于英国、匈牙利、捷克斯洛伐克等强队。在团体比赛中，我国男队被评为第一级第十名，女队被评为第二级第三名。1956年3月，在东京第二十三届世乒赛中，我国男队上升为第一级第六名，女队由二级队升为一级队。1957年斯德哥尔摩的第二十四届世乒赛，中国男、女队分别战胜了种子队罗马尼亚队和英国队，双双获得了决赛权。我国选手王传耀在团体赛中打败了日本优秀选手荻村伊智朗，选手孙梅英打败了英国优秀选手安海顿，初步显示了直拍两面攻和左推右攻打法的威力。我国男队由第一级第六名升为第一级第四名，女队由第一级第十一名升为第一级第三名，取得较好成绩。1959年，第二十五届世乒赛在联邦德国多特蒙德举行，容国团夺得了男单冠军，整个中国乒乓球队也以跃进的姿态夺取了5项第三名，6名男队员进入前16名。这场比赛不仅成就了我国第一个世界性体育比赛中的冠军，也展现了我国乒乓球队成绩的一次巨大飞跃。20世纪60年代，中国乒乓球运动开始向世界技术高峰全面进军。第二十六届世乒赛，70名选手组成的平均

年龄只有 21 岁的中国乒乓球队取得了 3 项冠军，其中，男队第一次夺得了团体冠军（图 1-4），又一次夺得了男单冠军，女队夺得了第一个女单世界冠军，此外还获得了 4 项亚军和 8 项季军。

图 1-4　男队第一次捧起斯韦思林杯

中国乒乓球队自 1953 年建立起，经历了一个从失败到胜利，由弱小到强大的发展过程。中国乒乓球队的足迹遍及世界五大洲，不仅在世界乒乓球锦标赛等各种国际比赛中获得了优异的成绩，还通过比赛和友好访问，为增进世界各国人民的友谊、推动世界乒乓球运动的发展作出了积极的贡献。

改革开放使中国乒乓球运动也继续探索创新，对于传统的近台快攻打法，并未完全摒弃，而是在此基础上创新了正、反手高抛发球，发展了推挡技术中的加力推、减力挡和推挤弧圈球，增加了正手快拉小弧圈、正手快带弧圈球等新技术。经过几年努力，在 1981 年举行的世乒赛上，我国乒乓球队取得了辉煌战绩，并创造了一项新的纪录：一个国家（或地区）夺得所有项目的 7 个冠军，并且获得 5 个单项的亚军。1981 年到 1987 年的四届世乒赛一共产生 28 个世界冠军，其中中国队夺得了 25 个，占总数的 89.29%，这段时间被称为我国乒乓球运动的第二次高峰。自 20 世纪 80 年代末，欧洲两面弧圈球打法迅速崛起，涌现出多个国家的多名优秀运动员。而反观这一时期的中国队，快攻打法没有重大革新，关键技术缺乏重大突破，成绩陷入低谷。虽然在 1988 年汉城奥运会上，中国队拿到了男双和女单金牌，但是却无缘分量最重的男单金牌，甚至都没能进入该项目的四强。从 1989 年第四十届世乒赛开始，欧洲选手连续三届夺得代表男子最高水平的男子团体和男子单打冠军。以江嘉良、陈龙灿为代表的直拍正胶快攻选手在无奈中相继退役，中国男队陷入了低谷，这种传统打法第一次遭到了质疑。当时国家队受欧式打法的影响，也出现了一批效仿欧洲两面弧圈球打法的选手，但是屡遭败绩，未能走出怪圈。1989年，从意大利回国的蔡振华临危受命，担任中国男乒主教练。在他的带领下，中国乒乓球队重整旗鼓，在第二届世界杯团体赛上，中国男队在决赛中战胜瑞典，夺得男团冠军。以孔令辉、刘国梁为代表的一批年轻小将此刻正在一步步走向成熟。1995年的第四十三届天津世乒赛上，蔡振华率领的中国乒乓球队第二次包揽七块金牌，孔令辉更是成为了我国第一个横握球拍的世乒赛冠军。

进入21世纪以来，中国乒乓球队一直处于世界领先地位，曾五次包揽世乒赛七项冠军，五次包揽奥运会乒乓球比赛所有项目金牌。中国乒乓球队取得的辉煌成绩，与国家的大力支持和政策保障是分不开的，与完备的乒乓球人才培养体系的构建是密不可分的，与对乒乓球运动竞技制胜规律的准确把握是紧密联系的，与广泛扎实的群众基础是相关的，这些因素是中国乒乓球队多年来长盛不衰的法宝。

第四节 | 国内外重要乒乓球赛事

一　世界级乒乓球比赛

1. 乒乓球世界杯

乒乓球世界杯（Table Tennis World Cup）由国际乒联主办，男乒世界杯赛创办于1980年，首届女乒世界杯赛于1996年在中国香港举行，除1999年因赞助商原因停办外，该项顶级赛事保持一年一届的举办传统，比赛项目为男女单打及团体共四项（分开举办）。乒乓球世界杯单打比赛分第一阶段小组循环赛和第二阶段淘汰赛。1~8号种子直接晋级淘汰赛，9~20号种子（共12名选手）通过抽签分为4组，每组3名选手，进行小组循环赛。小组排名前2名出线，出线选手晋级第二阶段淘汰赛。比赛采用7局4胜制。

2. 世界乒乓球锦标赛

世界乒乓球锦标赛（简称"世乒赛"，World Table Tennis Championship）是由国际乒联主办的一项最高水平的世界乒乓球大赛，每届比赛由国际乒联授权比赛地乒乓球协会举办，具有广泛的影响力。首届世乒赛于 1926 年 12 月在英国伦敦举行，从 1959 年的第二十五届开始，改为每两年举办一届。世乒赛共设有男女单打、男女双打、混合双打以及男女团体 7 个正式比赛项目，每一个项目都设有专门的奖杯，奖杯都是以捐赠者的姓名、俱乐部名或国名命名的。

世乒赛团体项目的比赛方法：各单位可报 5 名选手参加比赛，每次比赛双方可以从中挑选 3 名选手出场。团体比赛最初采用 9 场 5 胜制（每场比赛采用 3 局 2 胜制），以先赢得 5 场者为胜方，后来改为 5 场 3 胜制（每场比赛采用 5 局 3 胜制）。比赛前，双方用抽签的方法选定主、客队。主队 3 名选手定为 A、B、C；客队 3 名选手定为 X、Y、Z。

男子团体冠军奖杯称为"斯韦思林杯"，是原国际乒联名誉主席、英国的斯韦思林夫人所捐赠，第一届世乒赛就开始设立。女子团体冠军奖杯称为"马塞尔·考比伦杯"，是原法国乒协主席马赛尔·考比伦先生所捐赠，第八届世乒赛开始设立。男子单打冠军奖杯称为"圣勃莱德杯"，是原英格兰乒协主席伍德科先生所捐赠，以伦敦圣勃莱德乒乓球俱乐部的名称命名，第一届世乒赛就开始设立。女子单打冠军奖杯称为"吉·盖斯特杯"，是原匈牙利乒协主席吉·盖斯特先生所捐赠，第一届世乒赛就开始设立。男子双打冠军奖杯称为"伊朗杯"，是伊朗国王捐赠的，第一届世乒赛开始设立。女子双打冠军奖杯称为"波普杯"，是原国际乒联名誉秘书波普先生所捐赠，第二届世乒赛开始设立。男女混合双打冠军奖杯称为"兹·赫杜塞克杯"，是原捷克斯洛伐克乒协秘书兹·赫杜塞克先生捐赠的，第一届世乒赛开始设立。

世乒赛的所有奖杯都是流动的，获胜者只在奖杯上刻上自己的名字。各项冠军获得者可保持该奖杯到下一届世乒赛开赛前，然后交给新的世乒赛参赛者再争夺。唯有男女单打冠军，如连续 3 次获得"圣勃莱德杯"或连续 3 次获得"吉·盖斯特杯"，则由国际乒联制作一个奖杯复制品，永远由获得者保持。迄今为止，中国只有庄则栋、王楠、马龙因连续 3 届夺冠而获得一个复制品。

3. 奥运会乒乓球比赛

奥运会乒乓球比赛（Table Tennis Match in Olympic Games）由国际乒联主办。1983 年 10 月 1 日，国际奥林匹克委员会在德国巴登举行的第 84 次会议上决定，从 1988 年在韩国汉城举行夏季奥运会开始，乒乓球将列为奥运会的正式比赛项目。最初比赛设立男子单打、女子单打和男子双打、女子双打 4 个项目。2008 年北京奥运会将男女双打比赛调整为男女团体比赛，2020 年东京奥运会又增设了混合双打比赛。目前，奥运会乒乓球比赛共设立 5 个比赛项目。

中国乒乓球队堪称奥运会上的"梦之队"，曾在 1996 年、2000 年、2008 年、2012 年和 2016 年 5 届奥运会包揽所有项目的冠军。在过去的九届奥运会上，中国队一共获得了 32 块乒乓球项目的金牌，占总数的 87%。其中，马龙获得 5 枚金牌，位列第一；邓亚萍、张怡宁各夺得 4 枚金牌，排名并列第二；王楠、马琳、张继科和丁宁各收获 3 金，紧随其后。

乒乓球运动员同时获得奥运会乒乓球比赛单打冠军、世界乒乓球锦标赛单打冠军和乒乓球世界杯单打冠军称之为"大满贯"。除了上述三大赛事外，还有国际乒联职业巡回赛和各站公开赛等职业赛事。

二　亚洲乒乓球比赛

1. 亚洲乒乓球锦标赛

亚洲乒乓球锦标赛（Asian Table Tennis Championship，ATTC）是亚洲乒乓球联盟最重要的赛事。每两年举办一届，1972 年 9 月 2 日至 13 日，首届亚洲乒乓球锦标赛在中国北京举行。有 31 个国家和地区派出代表队参加。在这次锦标赛上，中国队获得女子团体、女子单打两项冠军。亚锦赛共设 7 个项目，分别是男团、女团、男双、女双、混双、男单、女单。

2. 乒乓球亚洲杯赛

乒乓球亚洲杯赛（Table Tennis Asian Cup）是亚洲乒乓球联盟重要的赛事之一，每年举办一届，其中，1998 年、1999 年两年曾停办。1983 年，首届乒乓球亚洲杯赛在中国无锡举行，比赛项目只有男女单打。

三 国内乒乓球比赛

1. 全国乒乓球锦标赛

全国乒乓球锦标赛是由国家体育总局乒羽中心主办的全国规模的赛事，是我国历史最悠久、规模最大、竞技水平最高且最具影响力的乒乓球正规传统赛事，素有"小世锦赛"之称。参赛单位是在国家体育总局乒羽中心注册的各省、自治区、直辖市、解放军和行业体协的乒乓球队。1952 年在北京举办第一届比赛，该赛事目前共设男子团体、女子团体、男子单打、女子单打、男子双打、女子双打及混合双打 7 个项目。

2. 全运会乒乓球比赛

全运会乒乓球比赛，以各省、自治区、直辖市、解放军和行业体协为竞赛单位，比赛设 7 个项目，分为预赛和决赛 2 个阶段。1959 年在北京举办第一届全运会乒乓球比赛，截至 2021 年已经举办 13 届。由于中国是世界乒坛最强的国家，比赛集合了国内最优秀的乒乓球选手，加之各省、市、区代表队对于全运会的高度重视，对于中国乒乓球选手而言，征战全运会的难度，甚至要大于奥运会。

四 职业联赛

乒乓球和足球一样，不仅有国家队与国家队之间的比赛，在每个国家还会有乒乓球俱乐部，俱乐部之间有非常多的比赛。全世界每个俱乐部的质量参差不齐，比较著名的乒乓球职业联赛有以下几个。

1. 中国乒乓球俱乐部超级联赛

中国乒乓球俱乐部超级联赛是世界最大的乒乓球联赛，是由国家体育总局乒羽中心与中央电视台联合主办的精品赛事，每年举行一届，比赛项目有男子团体、女子团体。从 1994 年全国体育改革起，中国开始成立乒乓球俱乐部，并于1995 年 12 月在广东开始了首届中国乒乓球俱乐部比赛。1999 年，在安徽省合肥市举行的全国乒乓球教练员工作会议上，国家体育总局乒羽中心提出了调整2000 年乒乓球国内竞赛体制，将甲级联赛升格为超级联赛，这是中国乒乓球俱乐部超级联赛的开端。

中国乒乓球的水平享誉世界，所以几乎所有顶级选手都会参加这项超级联赛，除此以外还有许多外国选手，比如国外名将朱世赫、波尔、奥恰洛夫以及日本许多顶级球员，都在中国超级联赛打球。中国超级联赛成为世界第一水平的联赛是实至名归的。

2. 德国乒乓球职业联赛

除了中国超级联赛以外，德国乒乓球职业联赛可以说是世界第二大规模的乒乓球联赛，在德国顶级球员都在俱乐部打球，而且欧洲其他国家的球员都非常希望能进入德国联赛。2012 年后，德国联赛大力发展，现在已培养出许多非常优秀的年轻选手。

3. 俄罗斯乒乓球超级联赛

在过去几年中，俄罗斯超级联赛和德国联赛发展速度相差无几，俄罗斯国内顶级球员几乎全部签约。早年间，中国乒乓球选手马琳也去俄罗斯超级联赛打过球。

4. 日本 T 联赛

在 2017 年，日本乒协打造了一种全新的俱乐部联赛，而且拿出了 5000 万日元来邀请中国球员加盟。

5. 法国 A 联赛

作为欧洲最老牌的联赛之一，法国 A 联赛同样是人才济济。很多瑞典、比利时、奥地利的选手都会去法国 A 联赛打球。

第五节 | 乒乓球运动的功效与价值

现如今，生活节奏不断加快，生活压力不断增大，人们越来越重视自身健康。在不断增加的健身运动项目中，乒乓球运动逐渐被更多的人接受并喜爱。乒乓球运动是一项集健身性、竞技性和娱乐性为一体的运动，具有广泛的适应性和

较高的锻炼价值，很容易开展和普及。

一 乒乓球运动的特点和功效

乒乓球运动的特点是球小、速度快、变化多、趣味性强，要求练习者在短时间内对瞬息万变的击球有较强应变能力。乒乓球运动器材设备简单，室内室外都可以进行，运动量可大可小，投资少，又不受年龄、性别和身体条件的限制，很容易被大众所接受。

乒乓球运动是一项上下肢配合的全身运动，在击球时要求全身各关节、肌肉高度协调，手腕、手指动作技巧细腻、准确，经常参加这项运动可提高人的灵敏性和协调性，增强体质并能培养人的意志；其负荷量可自我控制，对练双方球台相隔又恰好避免了身体接触；只要按照自身素质选择适当的训练强度，运动受外伤的可能性较小。

乒乓球项目多样，有单打、双打、团体项目，经常参与不同类型项目的比赛可以培养独立思考和单独作战的能力以及集体主义的精神。

乒乓球运动技术种类多，动作结构差异大，而且旋转变化的种类也比较多，因此对灵敏性要求较高。

二 乒乓球的健身价值

1. 强身健体

乒乓球运动属于有氧运动，长期打乒乓球可以使人体的血液循环系统、呼吸系统的功能大大加强。长期规律适量地打乒乓球可使心肌变得发达有力，心容量加大，每搏输出量增多，血管壁弹性增加，这些变化对中老年人十分有益，可减少心血管疾病的不良影响；同时使呼吸肌得到锻炼，可有效提高肺活量，改善呼吸功能。长期坚持乒乓球运动可使上肢、下肢和腰背肌肉发达健壮，关节更加灵活、稳固，相应也提高了人体的速度素质、力量素质和身体的灵活性和协调性，使人体更健壮，充满活力。

2. 减肥降脂

相比于其他减肥运动，打乒乓球更具有趣味性。打乒乓球伴有跨越、跑跳等快速移动的动作，会运用到全身的肌肉，需要很强的爆发力与反应能力，因此能排出很多的汗，还能消耗大量的热量，长期坚持打乒乓球能有效燃烧腿部、腹部和手臂等部位多余的脂肪，有一定的减肥降脂、保持体形的效果。

3. 动脑护眼

打乒乓球时，人的大脑在短时间内要对来自眼睛、耳朵的信息进行思考分析与综合处理，调动视觉、听觉等各感觉器官，运动中枢及全身肌肉快速工作，判断最佳击球点，进行回击。长期练习打乒乓球，可大大提高神经系统反应速度和综合协调能力。打乒乓球不仅能锻炼人的反应力，在发球与接球的过程中还能培养大脑的多向思维能力，让大脑更加灵活。此外，打乒乓球眼睛需要时刻关注球，眼球不断运动，血液循环增强，视神经机能提高，因而能消除或减轻眼睛疲劳。

4. 提高心理素质

乒乓球运动是竞技项目，比分变化速度快，所以运动员情绪状态非常复杂。经常经受这些变幻莫测、胜负难料的激烈竞争，同时在比赛中对对方战术意图进行揣摩，可以使练习者的心理素质得到很好的锻炼。

特别说明　　书中动作解释中展示的图片拍摄于动作过程中的一个时刻，并不能完全表达动作的全面性，所以特配有演示视频，供读者详细参考。

第二章
乒乓球运动的基本知识

乒乓球运动深受国人喜爱，参与乒乓球运动的人数众多，但由于乒乓球技术繁杂，动作精细，对学习者的判断、反应、协调、理解等综合能力要求很高，想要真正打好乒乓球并不容易。初学者要想更好地掌握乒乓球技术，首先应该从基础学起，从乒乓球运动常识、专业术语学起，掌握正确的理论体系，才能起到事半功倍的效果。

第一节 | 乒乓球运动常用术语

1. 球台

（1）台面：球台的上层表面称为"台面"。台面长 274cm，宽 152.5cm，离地面高度 76cm。

（2）端线：球台两端与球网平行的白线称为端线，宽 2cm。

（3）边线：球台两侧与球网垂直的白线称为边线，宽 2cm。

（4）中线：球台中央与边线平行的白线称为中线，宽 3mm。

2. 球台区域

为了在练习和实战中明确击球落点，通常把球台划分为不同的区域。

（1）左右半台：中线将球台分为左、右两个半台，又称 1/2 台（左、右各 1/2 台，其左右方向是对击球方而言的）。

（2）1/3 台或 2/3 台：指击球范围占球台的 1/3 或 2/3，左侧为左 1/3 或 2/3 台，右侧为右 1/3 或 2/3 台。

（3）全台：指击球时不限区域或不限落点，击球范围为整个球台。

3. 站位

站位指运动员准备击球时，身体与球台的位置。根据运动员所站的位置与球台端线之间的距离，可将站位划分为近台、中近台、中远台和远台（图 2-1）。

（1）近台：站位距离球台端线 50cm 以内的范围。

（2）中近台：站位距离球台端线 50～70cm 的范围。

（3）中远台：站位距离球台端线 70～100cm 的范围。

（4）远台：站位距离球台端线 100cm 以外的范围。

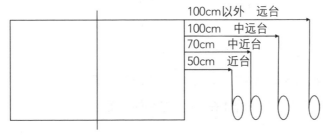

图 2-1 运动员站位与球台位置图

4. 击球线路

击球线路是指球运行的水平方向，即为球的飞行弧线在球台上的投影线。与边线平行的是直线，对角线是斜线。练习中常用的 5 条基本线路是右方斜线、右方直线、左方斜线、左方直线、中路直线（左右以击球方站位为准）。

5. 击球时间

击球时间是指来球在本方台面弹起后，由上升到降落的过程，大致可分为上升期、高点期和下降期 3 个时段（图 2-2）。

（1）上升期：指球从台面反弹上升到接近最高点的这段时间，可细分为上升前期和上升后期。

（2）高点期：指球反弹到最高点附近的这段时间。

（3）下降期：指球从最高点下降至地面的这段时间，可细分为下降前期和下降后期。

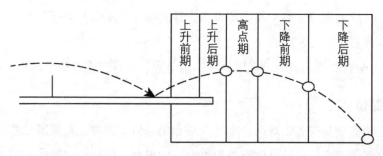

图 2-2　击球时间

6. 击球部位

击球部位是指击球时，球拍触球的位置。为了形象地说明，将球用表盘的刻度来划分（图 2-3）。

（1）击球上部：球拍击球在 12 ~ 1 点钟的位置。

（2）击球中上部：球拍击球在 1 ~ 2 点钟的位置。

（3）击球中部：球拍击球在 3 点钟的位置上。

（4）击球中下部：球拍击球在 4 ~ 5 点钟的位置。

（5）击球下部：球拍击球在 5 ~ 6 点钟的位置上。

图 2-3　击球部位

7. 击球点

击球点是指击球时，球拍与球体相接触时的空间位置。击球点的位置是相对击球者身体而确定的，包含三个方面的内容：一是击球点相对身体的前后位置；二是击球点相对身体的左右位置；三是击球点相对身体的高低位置。

击球点与击球者、球台、击球时间紧密联系。选择合适、正确的击球点，才能保证击球的命中率与质量，而及时判断来球线路、快速起动步法移动以及提前做好准备动作是获得准确击球点的重要前提。

8. 拍形

拍形是指击球时拍面所处的角度和方向。拍面角度是指击球时拍面与水平面所形成的夹角。拍面角度接近 90° 时称为拍面垂直，小于 90° 时称为拍面前倾，大于 90° 时称为拍面后仰。

（1）拍面前倾：击球时拍面接触球 1 点附近的部位。

（2）拍面稍前倾：击球时拍面接触球 2 点附近的部位。

（3）拍面垂直：击球时拍面接触球 3 点附近的部位。

（4）拍面稍后仰：击球时拍面接触球 4 点附近的部位。

（5）拍面后仰：击球时拍面接触球 5 点附近的部位。

（6）拍面向上：击球时拍面接触球 6 点附近的部位。

9. 短球、长球与追身球

（1）短球：短球又称近网球，距离球网 40cm 以内，且球反弹跳起后第二落点不超越端线。

（2）长球：长球又称底线球，指球落在台面底线区，一般距离端线 30cm 以内。

（3）追身球：将球击到对方身体中间部位，主要是胸腹部位，使回球者不能保持适宜的引拍空间。

10. 击球节奏与摆速

（1）击球节奏：击球时由于击球时间、发力大小、摩擦球薄厚等因素而形成在击球速度上的快慢不同，称为击球节奏。

（2）摆速：一般是指击球时左右两面挥拍时，持拍手摆动的快慢。

11. 发力方向与发力方法

（1）发力方向：指运动员击球时向哪一个方向发力。

（2）发力方法：指击球时运动员身体各部位的发力顺序和主次关系。同时还要区分击球时是以撞击为主，还是以摩擦为主。撞击：击球时尽可能让力的作用线通过球心，给予球正压力，使之产生平动速度。摩擦：击球时力的作用线远离球心，给予球摩擦力，使之获得自转速度，也就是使其旋转。

第二节 | 乒乓球运动的击球要素

要打好乒乓球，从理论上来说，需要达到两个要求：一是根据规则，将球回击到对方台面上去，进行有效回击，要求打球时要有合理的弧线；二是打过去的球要有质量，这就要求打球时必须有力量、速度、旋转和落点的变化。前者是后者的基础，后者又是前者的终极目标。因此，要想打好乒乓球，就必须从如何提高击球质量入手，而击球质量的好坏主要通过以下五个要素掌握的程度来评价。

1. 弧线

球的弧线是指球离开球拍落到对方台面的飞行轨迹，它是决定击球命中率的重要技术指标。球在球台上空飞行，其弧线受到球台长度、球网高度和球台宽度的限制。

　　球飞行的弧线分为第一弧线和第二弧线两部分（图 2-4）。第一弧线是指球被球拍击出后，到落在对方台面为止的飞行路线。第二弧线是指球从对方台面弹起直至碰到其他物体（球拍、地面等）为止的飞行路线。弧线均由弧高、打出距离、弧线弯曲度和弧线方向等组成。

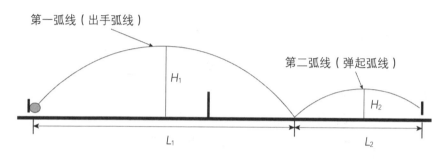

图 2-4　击球第一弧线与第二弧线

　　弧线的影响因素有地心引力、用力方向、拍面角度、发力大小、旋转等。初学者在打乒乓球时，首先面临的问题是如何把球准确回击到对方的台面上。所以，初学者在击球时，不仅要根据来球距网远近、弹起高低、旋转情况以及回击时间的不同来确定自己的回击方法，而且击球时还要注意用力方向、拍面角度变化、发力大小等因素对乒乓球飞行弧线的影响。只有尽可能使主观情况（回击方法）符合客观要求（来球情况），制造出合适的乒乓球飞行弧线，才能提高击球的命中率。

2. 力量

　　力量作用于球，是通过球的前进速度和旋转强度表现出来的。对于攻球，力量主要是为了使球获得更快的飞行速度。对于旋转球，力量则是为了加强球的旋转。力量对于两者，都可以用"凶""狠"来形容。

增大击球力量的原理与方法：

　　（1）挥拍加速度相同时，击球距离越大，球拍触球的瞬时速度就越大，击球力量就越大。

（2）挥拍距离一定时，加速度越大，球拍触球的瞬时速度就越大，击球力量就越大。

（3）选择合理的击球位置，尽可能让身体与击球点保持一定距离，加快挥拍速度。

（4）选择正确的击球时间和击球点，保证击球点在身体侧前方，掌握好合理的击球时间，一般在上升后期或高点期。

（5）遵循正确的发力顺序，脚、腿带动躯干，躯干带动上臂，上臂带动前臂，前臂带动手腕，以利于发挥身体各动力链的加速作用。

（6）提高肌肉工作效率，经常进行专项力量练习。

击球力量的分类：

（1）发力：依靠自己的挥拍速度，在击球的瞬间发挥出爆发力，使球产生最快的速度和最大的力，这是在比赛中运用最多的得分手段。

（2）借力：借对方来球的力量把球回击过去，只能回击冲力较强的来球。

（3）减力：放慢回球速度，如放短球、减力挡等，起到变化节奏的作用。

3. 速度

在乒乓球运动中，速度是一个内容丰富的综合概念，它包括运动员的判断（反应）速度、球的飞行速度、动作的还原及转换速度等。乒乓球运动速度是上述各种速度的综合表现，并非是一种单一的速度。

乒乓球运动速度实质上是以运动员的反应速度为基础，以球的飞行速度为最终目的的综合速度。

提高击球速度的方法：

（1）击球时靠近球台，缩短第一弧线距离。

（2）在来球上升期击球，缩短第二弧线反弹距离。

（3）加快挥拍速度，充分发挥前臂和手腕的作用。

（4）击球时增加向前的发力，降低弧线高度，增加球的上旋力。

（5）提高动作速度、预判和还原速度、步法移动速度。

4. 旋转

击球时，如果力的作用线通过球心，球只作平动而不产生旋转；如果力的作用线偏离球心，更多地倾向球的边缘，形成摩擦力，球产生旋转。

　　胶皮拍出现后，旋转球就成为一种进攻的重要技术手段，旋转的自变和应变是乒乓球技战术中最复杂的运动技能之一。

　　左右轴——产生上、下旋球。

　　上下轴——产生左、右侧旋球。

　　前后轴——产生顺、逆旋转球。

　　混合轴——产生左侧上、下旋和右侧上、下旋球。

　　上旋和下旋——围绕横轴（左右轴）运动，如图 2-5 所示。

　　左侧旋和右侧旋——围绕竖轴（上下轴）运动，如图 2-6 所示。

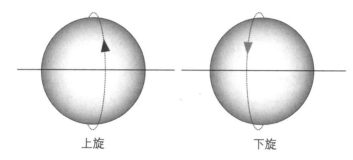

上旋　　　　　　　　　　下旋

图 2-5　上旋与下旋

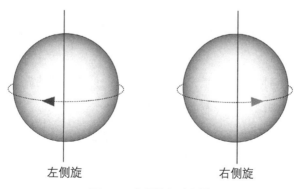

左侧旋　　　　　　　　　　右侧旋

图 2-6　左侧旋与右侧旋

增强击球旋转的因素：

（1）挥拍的用力方向：同等击球力量条件下，力臂越大，摩擦力越大，旋

转越强；力的作用线越远离球心，旋转越强。

（2）击球力量：相同力臂条件下，击球力量越大，旋转越强，击球瞬间速度越快，摩擦力越强。

（3）球拍黏性：球拍的黏性越好，旋转越强。

（4）触拍的部位：击球时用球拍的不同部位触球，对球的旋转强弱有一定影响。因为球拍远离手的一端比近手端的运动速度大，所以击球时给球的动量大，球的旋转更强一些。

5. 落点与线路

落点即球的落台点，它比一般的击球上台有更高的要求，具有重要的战术意义。从击球点到落台点之间所形成的线路，叫击球线路。

落点和线路的重要性：

（1）满足战术需要，控制场上局面。

（2）扩大对方的移动范围。回球的落点离对方的站位越远，对方的移动范围就越大；落点角度越大，就越可以加大对方的移动范围。

（3）加大对方的击球难度。打追身球，落点越接近对方身体，对方就越难让位，回击球就越容易出现失误。回击球的落点和线路与对方的判断和步法移动方向相反时，效果最好。打两条直线时，由于球速比较快，迫使对方失去足够的击球时间，导致击球质量下降或失误。

（4）抑制对方的特长发挥，充分发挥自己的战术。这样就可以更容易地获得比赛胜利。

球台的台面是有限的，但是，在有限的台面根据战术的需要可以打出无数个落点来，这就要求击球者的控制能力要强。

提高落点变化的方法：

（1）固定落点练习。在基本技术练习时，将球台划分为若干区域，要求练习者将球回击到规定区域。

（2）规定线路进行落点变化练习。如一点打多点和多点打一点练习。

（3）采用多球练习。

（4）加强手腕关节灵活性。

这些练习都需要花费大量的时间，只要掌握好技巧并刻苦训练，成果是很容易得到体现的。

第三节 | 乒乓球运动的基本环节和动作结构

1. 乒乓球运动的基本环节

（1）准备环节：包括两方面的内容，一是身体方面的准备，包括站位、准备姿势、移动步法等；另一个是心理方面的准备，包括注意力集中、紧盯对手来球和对来球的判断等。

（2）引拍环节：任何动作都存在着引拍，只是方式与方法不同，加上引拍在整个击球过程中的重要位置和作用，有必要把它从击球动作中分离出来加以认识和提高。

（3）击球环节：击球是所有环节中的核心环节。它是所有环节中要求最复杂和最精确的一个环节，击球的稳定性、准确性和威胁性，全都在这个环节上得到体现。

（4）还原环节：当击球动作基本完成，球脱板以后，还原动作就已经开始。也就是说，击球之后的顺势挥摆与动作的相应缓冲，就属于还原这一环节。

"判断来球、移动步法、出手击球、动作还原"被称为乒乓球运动员击球的四个基本环节。前一次击球的结束，就意味着下一次击球的开始，首尾衔接，环环紧扣。

2. 动作结构

（1）准备：在判断好来球性能和落点的基础上，选择回球技术，再根据回球技术选择合适的击球点、接触球时的拍形和角度，用步法调整将身体移动到合理位置。

（2）选位：包括预判对方来球和移动步法两方面，选择最合适的击球位置。

（3）引拍动作：两脚开立与肩同宽或比肩稍宽，两膝微屈，前脚掌着地（主要以脚内侧蹬地），脚趾轻微用力压地，脚跟微离地面，重心置于两脚之间。

（4）击球动作：上体略前倾、收腹，持拍手臂自然弯曲，直握拍的肘部略向外张，球拍置于腹部右前方，手腕自然放松，拍头指向右斜前方。击球动作分两部分：

① 迎球挥拍：从引拍到击中来球的过程。

② 球拍触球：球拍触球瞬间的动作过程。

（5）随势挥拍：球拍击球后有一段随势挥拍的动作，这既是力量惯性同时也是动作弧线制造的必然，有助于保证击球的准确性和击球效果的充分体现。

（6）结束动作：握拍侧的肘部向下，前臂自然平举，手腕自然放松，拍头指向上方，非持拍手臂自然弯曲于身体左侧，两眼注视来球。

（7）放松还原：回到最初准备动作，身体适度松弛。可促使身体各部分肌肉协调用力，在连续击球后保持身体平衡。

乒乓球运动的基本环节和动作结构说明：乒乓球技术既不是一种单个动作，也不是一种简单的复合动作，而是一种结构复杂的"动作链"，包括了大脑支配下的腿的动作、腰的动作和手的动作等。

第四节 ｜ 乒乓球运动的场地与器材

一 乒乓球运动的场地与器材规格

1. 场地规格

乒乓球的比赛场地为长方形，其长度不得小于 14m，宽度不得小于 7m，天花板高度不得低于 4m。赛区应用 0.75m 高、1.4m 宽的深色挡板围起，与相邻的比赛场地及观众隔开。挡板应轻便稳妥，在运动员冲撞挡板时不至于受伤。在正式的比赛中，比赛场地应为坚实不滑的硬木，地板不应呈淡颜色或明显反光，以免影响运动员的视线。目前，国际比赛已采用塑胶地板球场。不论是采用木板地面还是合成材料地面，都必须保证运动员在比赛中不感到太滑或太黏，并有一定的弹性，同时要注意地面平整，以防出现伤害事故。场地周围不能有明亮的光源。比赛场地仅限于室内，风速不宜大于 0.2m/s。

2. 器材规格

（1）球台：球台的上层表面叫作"台面"，应为与水平面平行的长方形，长为 274cm，宽为 152.5cm，离地面的高度为 76cm。台面应包括球台上面的边缘，不包括上面边缘以下的侧面。台面可用任何材料制成，但应具有一致的弹性：当标准球从离台 30cm 的高处落下时，弹起高度应约为 23cm。台面一律为均匀的暗色，无光泽，沿 274cm 长的边线边缘及 152.5cm 长的端线边缘应有一条 2cm 宽的白线。比赛台面由一个垂直的球网划分为两个相等的"台区"。球网与端线平行。双打时，各台区由一条 3mm 宽的白色中线划分为两个相等的"半区"，此线与边线平行，叫作"中线"。中线应视为双打时发球运动员的右半区和接发球运动员右半区的一部分。球台按照使用场所分类可分为室内用台和室外用台。

（2）球网：包括网、悬挂网绳、网柱及将它们固定在球台上的夹钳部分或支架。球网应悬挂在一根绳上，绳子两端系在高 15.25cm 直立网柱上，网柱外缘离开边线外缘 15.25cm。整个球网的顶端距台面 15.25cm，整个球网的底边应尽量贴近比赛台面，其两端应尽量贴近网柱。

（3）球：应为圆球体，现阶段使用的球直径 40mm 以上，质量为 2.6～2.8g。球的材料为复合塑料材质，呈橙黄色或白色，无光泽。值得一提的是，乒乓球的直径并不是一直不变的，从 38mm 到 40mm 以及现在的 40mm 以上，材料从赛璐珞到现在的复合塑料材质，无一不体现了乒乓球器材本身的发展。

（4）球拍：球拍的大小、形状和重量不限，但球拍底板应平整、坚硬。底板厚度至少应有 85% 的天然木料。底板的黏合层可以用加强纤维材料，诸如碳纤维、玻璃纤维、压缩纸，但每层黏合层不超过底板总厚度的 7.5% 或 0.35mm，不管哪种算法，取其数小的一种。用来接球的拍面应用一层普通的、颗粒向外的颗粒胶覆盖，连同黏合剂总厚度不得超过 2mm；用颗粒向内或向外的海绵覆盖，

连同黏合剂总厚度不得超过 4mm。

二 乒乓球拍与乒乓球的选择

1. 乒乓球拍的选择、购买与保养

乒乓球拍分为直握球拍和横握球拍，两种握法的选择与打法、身体条件等因素密切相关。身材高大的选手，身高臂长，移动范围大，中远台优势明显，选择横拍可以大刀阔斧地进攻；而身材较小的运动员，护台面积小，反应快，头脑灵活，尤其是台内处理小球快捷多变，选择直拍能有效地发挥其变化多、动作灵活等长处。

专业乒乓球拍的底板、海绵和胶皮是分开出售的，海绵和胶皮因为材质的关系，会随着时间推移而老化，使用寿命低于底板，需要定期更换。初学者和普通爱好者可以选购成品拍，即底板、海绵和胶皮预先粘贴好的球拍，一是性价比高，二是免去粘贴球拍的麻烦。进阶乒乓球运动者会根据自身的打法不同来选择最适合自己的底板、海绵和胶皮，目前市场上出售的海绵和胶皮主要是以套胶为主，即海绵和胶皮已经黏合在一起。

目前主流的有四种海绵胶皮，详见表 2-1。

表 2-1 乒乓球拍胶皮与特点

胶皮	特点	打法
正胶	大颗粒、颗粒向外、击球速度快，制造旋转能力一般	进攻型
反胶	颗粒向内，黏性较大、制造旋转能力强，初学者易采用	进攻型
生胶	小颗粒、颗粒向外、击球速度快、略下沉，制造旋转能力弱	进攻型
长胶	颗粒向外、颗粒较长，不能主动制造旋转，借助来球反弹力制造旋转	防守型

选择完底板和胶皮后，选择黏合二者的胶水也十分重要，目前市面上的胶水分为有机和无机两种。有机胶水黏度大，效果好，但不环保，国际大赛已经不允许使用。无机胶水卫生环保，但黏度小，效果差。所以，一般乒乓爱好者可以使用有机胶水，但专业运动员必须使用无机胶水。两种胶水的具体差别见表 2-2。

表 2-2　乒乓球拍有机胶水与无机胶水特征

胶水	价格	速干程度	毒性	对胶皮的影响
有机胶水	相对便宜	较快	具有毒性	会缩短使用寿命
无机胶水	价格略贵	较慢	无毒性	无任何损坏

需要注意的是，球拍和海绵都对潮湿、高温、撞击很敏感，应注意干燥避光，远离热源。如果乒乓球拍保养得当，其使用寿命一般来说相对较长。

2. 乒乓球的选择

乒乓球虽然外形相似，但质量却参差不齐，那么如何判断一个乒乓球质量的好坏呢？可以从以下几点入手。

（1）外观：乒乓球表面呈现亚光状，用手触摸会有涩涩的触感，因为乒乓球是用高分子原料制成的。而且乒乓球的连接处不能存在凸起或凹陷的情况，接缝必须整齐挺括，防止影响球的整体平衡性和运动轨迹。

（2）弹跳高度：将乒乓球从 30.5cm 高处自由落下到标准乒乓球台上，反弹高度应为 23.5～25.5cm，如球的弹跳或高或低，则说明球的弹性不均匀。

（3）圆度：质量好的乒乓球看起来非常光滑且圆润，整体呈圆球状。将其静止放在桌面上，不应发生倾斜和滚动，若会向一侧倾斜，则说明该乒乓球圆度不符合标准；或将其放在光滑平整的表面上旋转，观察有无剧烈震荡，有则说明该球的圆度不好，球的稳定性差，击球落点不易控制。

（4）硬度：用拇指与食指捏一下乒乓球，观察两面软硬是否一致、表面硬度是否均匀。若反弹程度相同，则说明球的硬度质量较好，且使用性能较好。

目前市面上常见的乒乓球有一星、二星、三星之分，星级越高，球的质量也就越好。平时训练中一星球最为常见，比赛中更多使用三星球。

第三章
乒乓球的基本技术

本章是初学者学习乒乓球实践环节的入门章节。认真学习本章内容，将有助于掌握乒乓球基本技术动作、规范动作要领、提高乒乓球基本功水平，为今后进一步丰富乒乓球技战术体系、构建适合自身特点的乒乓球打法奠定坚实的基础。

乒乓球基本技术，又称单一技术，是指完成一次有效击球动作的技术，也是构成乒乓球运动的最小技术单元。乒乓球基本技术是组合技术以及战术组合的基础，可以相对独立地进行训练，学习和练习方式也比较灵活。

在学习乒乓球基本技术的过程中，特别强调徒手挥拍（空挥）练习对于乒乓球基础技术掌握的重要性，尤其对于初学者来说，在徒手挥拍练习时，注意力能够全部集中在自身肢体动作当中，有助于理解和形成相对稳定的技术动作。而在进行有球练习时，"打到球"自然成为第一目标，注意力反射性地集中在来球和击球点的选择上，很难感知和察觉击球姿势是否正确。另外，徒手挥拍练习没有了捡球的烦恼，练习效率更高，因此建议初学者要重视和加强徒手挥拍练习。在练习的同时可借助镜子或录像手段进行纠正。

第一节 | 握拍方式

一　握拍方式的重要性

　　握拍方式的选择是学习乒乓球运动的入门内容之一，它与击球动作有着密切的关系。选择正确的握拍方式，可以提高手指、手腕的灵活性，为日后的技术提高打下良好的基础。如果握拍方式选择不好，不仅影响手指、手腕的灵活性，还会使击球动作的规范性、掌握技术的熟练程度、击球的质量受到影响。因此，初学者一定要先学好握拍。

二　握拍方式的发展历程

　　目前，世界上主流的乒乓球握拍方式有两种：一种是直握拍，另一种是横握拍（图 3-1）。不同的握拍方式产生了不同的打法，不同的打法在世界乒坛各自占有一席之地，各自都取得过骄人的战绩。

　　20 世纪 50 年代以前的世界冠军几乎全是欧洲横握球拍选手；50 年代初到 60 年代末，日本、中国的直拍进攻型打法崛起，直拍选手多次夺得各项冠军；进入 70 年代，欧洲的横拍快攻结合弧圈球打法开始盛行；90 年代末期，以刘国梁、柳承敏、马琳为代表的直拍选手分别获得第 26、28、29 届奥运会比赛男单冠军；2012 年、2016 年、2020 年奥运会，横拍选手重上世界之巅。可以说，两种握拍方式是"各领风骚十来年"。

三　握拍方式的选择

　　初学者如何选择握拍方式呢？首先应对两种握拍方式有一个初步了解，然后根据自己的学习目标、具体条件、兴趣偏好和技术特点进行选择。握拍方式的变化更迭说明了握拍方式先进与否和技术掌握程度以及运动员本身条件密切相关。

拍形说明

手柄较短的是直拍

直拍打法较容易，适合初学乒乓球的人，出手灵活，出球快速有力，适宜以单面进攻为主，初学者上手快。

直拍握法：

直拍打球时用拇指和食指握住球拍，类似于手拿笔写字的样式。

手柄较长的是横拍

横拍打法难度较高，适合有一定乒乓球基础的人，易攻善守，适宜攻削结合的全面打法。

横拍握法：

横拍打球时用整个手握住球拍，类似于手拿菜刀的样式。

图 3-1　乒乓球直拍与横拍握法特征和区别

直拍和横拍握法有各自的特点（表 3-1），详见下面的分析。

表 3-1　直握球拍与横握球拍的优势和劣势比较

握拍方式	相对优势	相对劣势
直拍	1. 入门容易 2. 出手快，手腕与手指运用灵活 3. 处理台内球与追身球有优势	1. 护台面积有限，对步法要求高 2. 正反手需要握拍转换，反手不易发力
横拍	1. 握法简单 2. 动作容易固定 3. 便于发力	由于手腕灵活度较弱，处理台内球、追身球以及发球时不如直拍灵活

1. 直拍相对优势

入门容易，出手快，手腕与手指运用灵活，处理台内球与追身球有优势。无论正反手都是用同一面击球，不两面转换，因而出手较快。正手攻球时快速有力，出手灵活，更可连续作凌厉攻球，以快制慢，以狠制转，所以握直拍的球员大部分都是以攻为主。

2. 直拍相对劣势

手腕不易固定，使拍形相对难以稳定；固定护台面积有限，对步法要求高；正反手需要握拍转换，反手不易发力。由于受到握拍的限制，在攻削交替运用时，握拍指法的变动较大，往往影响击球的准确性，不如横拍攻守结合自如。

3. 横拍相对优势

握法简单、动作容易固定、便于发力、正反手的控制较强。横拍握法对球台的护台面积大，既可以慢制快，以柔克刚，也可利用下旋球压制直拍抽杀，以逼角、变线扰乱直拍运动员的阵脚，所以传统的横拍运动员都是采用以削为主或攻削结合的打法。

4. 横拍相对劣势

由于握拍时手腕灵活度较弱，处理台内球、追身球及发球时不如直拍灵活，隐蔽性不强，对方容易判断。同一方向作削球或攻球时，指法的变化不大，适宜攻削结合的全面打法。

四 两种握拍方式

1. 直握球拍

（1）直握球拍的要领

要打好乒乓球，掌握正确的握拍方式是非常重要的。它就像盖房子要打好地基一样。这种形容是恰如其分的。乒乓球直拍握法在英文中也叫 pen hold（握笔），与握笔姿势类似。拇指第一指关节压住球拍左肩，食指第二指关节向内弯曲压住球拍右肩，呈钳形；虎口贴于拍柄后面；中指、无名指和小指在球拍背面稍弯并拢，并贴紧球拍。以中指第一指节托于球拍背面，使球拍保持平稳。拍前的拇指和食指主要用于调整拍形，转换击球方式，而拍后的3根手指则起到辅助和支撑作用。其中，中指是将击球力量作用于球的主要传递者，发力时必须用力顶住球拍背面；同时，中指又可起到调整和控制拍形的作用。当正手攻球或拉弧

圈球时，拇指压拍、食指相对放松；当反手攻球或推挡时，拇指相对放松，食指压拍。直拍握法还须注意避免中指顶拍的位置与拇指压拍的位置太靠近，以免造成两指用力互相抵消。并且，为了避免整个虎口把拍柄握死，拍柄背面应靠在虎口的食指根部关节上，以保证用力顺畅。

（2）直握球拍需要注意的问题

握拍时，拇指和食指在击球时需要进行转换，正手击球时，拇指稍用力，食指放松，后面三根手指协调用力，中指顶住球拍，保证正手击球动作的稳定与发力；反手推挡时，食指稍用力，后面三根手指稍抬起配合食指控制拍形，拇指相对放松。击球时，球拍要横放，与手臂平直，切勿手腕下垂（俗称"吊腕"）。很多直板选手都有着吊腕这样一种通病，而吊腕导致的后果便是容易漏球、掉球、无意中滑板，以及打出不规则球。有些初学者打乒乓球时总喜欢将乒乓球拍握得特别紧，其主要原因是害怕在打球的过程中将球拍扔出去。其实，球拍如果握得太紧，若击球时的击球点不对，失误的概率非常大，并且握拍时太紧会造成手部肌肉僵硬，也会造成击球时失误率增加。

（3）直握球拍的常见错误与改进方法

① 球拍背面三指分开过大，不利于反手推挡技术的使用。需要三根手指并拢。

② 食指内伸过多，不利于正手发力。应将食指第二指关节勾住球拍右肩。

③ 拍头下垂，影响动作发力角度。球拍要横放，腕关节稍用力挺起来，与手臂平直。

④ 握拍过紧不放松，影响握拍的灵活性。通过动作模仿等方式，体会握拍手各关节的屈伸和放松程度。

⑤ 中指、无名指、小指分开顶板，使反手位击球时摆速慢。调节正确的握拍法，注重对正反手技术的全面发展，不能过于偏重一面。

2. 横握球拍

（1）横握球拍的要领

虎口贴住拍肩；食指自然伸直，斜贴于球拍反面；中指、无名指和小指自然弯曲握于拍柄，拇指在球拍正面贴于中指旁边。细致来说就是右手放松、五指张开，左手拿拍头将球拍肩部（拍面与拍柄结合处）对准右手虎口放入，松紧程度以自己感觉舒服为宜。拇指与食指伸直合拢正好分别夹着球拍的正反面。此时拇指、食指与虎口形成一个稳定的凹形，球拍能够被固定住。然后中指、无名指和小指自然回收握住拍柄即可。横握球拍分为深握法与浅握法两种。深握法也称为利正手握法，即在上述握法的时候拇指适当下移握住拍柄，球拍反面的食指适当上移，这样在正手击球时球拍更稳定，更利于身体的整体发力。浅握法也称为利反手握法，即在上述握法的时候拇指适当上移，这样在反手击球时球拍更稳定，也有利于手腕的充分发力。

（2）横握球拍的常见错误与改进方法

① 拇指或食指过于伸直。拇指要收回，食指要放侧面。

② 握拳式握拍。应将拇指和食指轻压球拍的正面和背面。

③ 虎口没有对准拍肩，导致球拍角度不对。虎口要对准拍肩，进行正反手击球时稍微调整角度就好。

④ 小指、无名指、中指与手掌过于攥紧球拍，会影响击球的准确性，降低击球手感。握拍要适当放松，手指握拍留有一点空间。

⑤ 翘腕是横板大忌，"宁要吊，不要翘"，也就是说横板稍有点吊腕是可以接受的，而翘腕则会把手腕锁死，限制击球的灵活性。横拍握拍手腕要适当下垂，拍形要横放。

⑥ 虎口过于偏正手侧或反手侧，影响另外一侧击球质量。调节虎口的位置，握拍方式兼顾正、反手技术，同时有利于衔接转换。

3-1
握拍方式
视频

第二节 | 准备姿势与站位

一 准备姿势

1. 乒乓球运动准备姿势的必要性

准备姿势是指击球员准备击球时的身体各部位姿势。

击球前必须集中注意力，判断来球的落点、速度和旋转性质，然后迅速移动，选择正确的击球位置，采用合理的击球动作，才能将来球准确有效地回击过去，这就要求在击球前保持充分的准备姿势。充分的准备姿势应当有利于步法快速起动，有利于集中精力照顾全台，有利于采用合理技术回击来球，更有利于提高击球的质量和命中率。

2. 准备姿势的动作要领

两脚开立与肩同宽或比肩稍宽，两膝微屈，前脚掌着地，脚跟微离地面，重心置于两脚之间，上体略前倾、收腹，持拍手臂自然弯曲。直握拍的肘部略向外张，球拍置于腹部右前方，手腕自然放松，拍头指向右斜前方；横握拍的肘部向下，前臂自然平举，手腕自然放松，拍头指向上方，非持拍手臂自然弯曲于身体左侧，两眼注视来球（图3-2）。

3. 练习提示

以上所述仅是一般情况，每位运动员的基本姿势可根据身体条件和技术特点略有变化。例如，身材高大的运动员，两脚间的距离可适度扩大；正反手两面技术均衡的运动员基本姿势多为两脚平站，执拍手的位置稍偏向反手位；以正手进攻为主的运动员，左脚多在右脚前半脚至一脚的距离，持拍手也放在身前偏向正手位的一侧。

二　乒乓球运动的站位

站位是指运动员与球台之间所处的位置。比赛中运动员站位是否合理，对其技战术水平的发挥有直接影响。站位正确有利于运动员保持稳定的击球姿势和迅速移动的能力。

站位是指一个范围，而不是某个固定点。不同握拍方式以及不同打法，站位有所不同。直拍左推右攻打法的站位，一般是左脚稍前于右脚，左脚位置基本处于球台左边线的延长线上。身体与球台端线的距离约为40cm。直拍两面攻和横拍快攻打法的站位基本同上，但身体与球台端线的距离约为50cm。直拍弧圈打法的站位是左脚在前，右脚在后，左脚基本位于球台左边线延长线外约25cm处。身体面向对方台面的左角，与球台左角的距离约60cm。

横拍两面拉打法的站位，左脚可略前于右脚，或两脚基本平行，左脚位置基本处于球台左边线的延长线上。身体与球台端线的距离约为 65cm。防守型（包括削攻结合打法）的站位是两脚基本平行，左脚位置处于球台左边线的延长线上，身体与球台端线的距离约为 1m（图 3-3）。

▶ 3-2 ◀
乒乓球的站位与
准备动作视频

图 3-2　准备姿势

图 3-3　站位

图 3-4　原地托球

第三节 | 乒乓球球性与球感的培养

一　托球练习

1. 原地托球

两脚开立，与肩同宽，持拍手按要求握好球拍，非持拍手将球放在球拍上，身体保持平衡，让球尽量长时间停留在球拍上且保持稳定（图 3-4）。

2. 托球走与托球跑

从原地托球开始，待球稳定后缓缓向前行走，不让球掉下来，熟练后可加快移动速度（图 3-5）。

3. 多人托球接力赛

多人分成人数相同的两支队伍进行迎面接力或设置转折标记进行折返接力。托球过程中不能让球掉下来，如果掉球，需要重新回到原点再出发。每一位队员完成固定距离后，需将球传递给下一位队员继续，两支队伍看哪一支速度更快。

二 抛球练习

1. 非执拍手抛球

练习者两脚开立，与肩同宽，持拍手按要求握好球拍，非持拍手自然伸直，球自然置于非持拍手的手掌上，用手将球几乎垂直的向上抛起，使球离开非持拍手后上升不少于 16cm。球下落后，用非持拍手将球接住。

2. 抛球后球拍接球

非持拍手抛球后，球下落至手肘高度，用球拍接球，拍面水平使球垂直弹起，球再次下落时用非持拍手接住。

三 颠球练习

1. 原地颠球

抛球后，持拍手接球，拍面保持水平，使球垂直弹起；手腕相对固定，以肘关节为轴，前臂上下运动，球拍在球下落阶段，击打球下部；逐渐控制击球力度，使球弹跳保持同样高度（图 3-6）。

2. 颠球走与颠球跑

从原地颠球开始，待球稳定后缓缓向前行走，不让球掉下来，熟练后可加快步伐移动速度。

3. 对墙颠球练习

站位距离墙面 1m 左右，按准备姿势站好，引拍至胸腹前，球拍稍后仰，对墙击球区域在身体斜上方 45° 方向，手臂和手腕相对稳定，肩关节稍用力，击球中下部，尽可能保持均衡力量和重复落点（图 3-7）。

图 3-5　托球走　　　　　　图 3-6　原地颠球　　　　　图 3-7　对墙颠球

四　传球练习

1. 两人移动传球

一方从球拍颠球开始，然后用力将球向同伴所在方向颠出，同伴用球拍接球，控制住并转化为颠球，之后重复传接球。

2. 两人半台传球练习

两人分别站立在半张球台两侧，按照准备姿势站好，身体距离球台 30cm，持拍手置于身体腹前球台上方，拍形垂直，非持拍手抛球，持拍手轻推球，击球落点在对方底线区域，击球弧线略高于球网，对方接球后，以同样力度和节奏回击来球，两人配合保持球不落台。

▶ 3-3 ◀
乒乓球球感
练习视频

第四节 ｜ 平击发球

一　平击发球的特点与应用

平击发球是最基本也是最容易掌握的发球技术。平击发球时力量主要通过球心，略带上旋，速度可快可慢。一方面，练习平击发球能让初学者熟悉发球的抛

球、引拍和击打的过程，是掌握其他复杂发球的基础；另一方面，平击发球对手容易回接，便于接下来的练习。

二 平击发球动作要领与步骤

正手平击发球技术动作如图 3-8 所示。

（1）**站位**：站位近台，左脚稍前，右脚稍后，屈膝，两脚开立，略宽于肩。

（2）**引拍**：抛球同时向右转体，同时重心向右偏转，持拍手向右后侧偏上方引拍，拍面稍前倾。

（3）**挥拍击球**：当球下落至接近球网高度时，持拍向左前方发力，击球中上部，第一落点在本方球台底线 1/3 范围内。

（4）**随挥还原**：击球后顺势挥拍至左前上方，重心向左前方转移，之后还原。

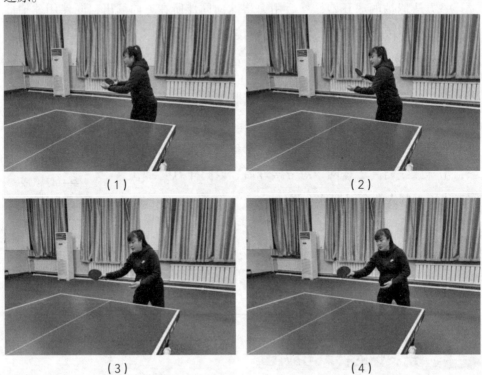

（1）　　　　　　　　　　　　（2）

（3）　　　　　　　　　　　　（4）

图 3-8　正手平击发球技术动作

三 技术动作关键点

（1）抛球、转体与引拍同时进行。

（2）正手平击发球，击球点在身体右侧前方。

（3）球的第一落点范围在球台中线至底线范围内。

（4）球拍触球发力时，会有略微向前下方用力的动作。

四 练习方法

（1）做抛球和无拍击球的结合性练习，体会动作要领。

（2）二人一发一接，交替进行，并相互交流。

（3）利用多球进行练习，使球尽量发准、发快。

（4）先练习定点发球，再进行不同落点交替发球练习。

► 3-4 ◄
平击发球
视频

五 易犯错误与纠正方法

序号	常见问题	易犯错误	纠正办法
1	击球挥空	抛球过低或抛球和引拍动作不一致	提高抛球高度，注重抛球和引拍动作同步性
2	击球下网或击到球拍边缘	拍面过于前倾，击球力度不足	拍面稍微前倾，加大击球力度
3	击球出界	力度过大或者击球点靠近球网	减小击球力度，球的第一落点尽量靠近球台底线区域
4	发出转球	击球摩擦过多，撞击成分少	拍面略垂直，以撞击球为主

第五节 | 反手技术

一 直拍推挡

1. 特点与应用

直拍推挡动作简单、稳定性好，初学者易于上手和掌握。当技术趋于熟练

后，推挡球具有变化较多、回球速度快、易于控制落点等优势，在实战中，直拍选手经常通过线路和落点变化控制对手，为进攻创造机会。

2. 动作要领与步骤

（1）引拍：持拍手前臂外旋，肘关节靠近身体内侧，向后偏下方引拍，球拍呈半横状，拍面稍前倾。

（2）挥拍击球：前臂向来球方向迎球伸出，在上升后期击球中上部。击球时食指用力，拇指放松，保持拍面稍前倾。

（3）随势挥拍：击球后手臂和手腕继续向前向上挥动，挥拍至球落至对方球台后准备还原。

（4）还原：手臂收回，还原至准备击球动作。

3. 直拍推挡练习方法

（1）徒手挥拍练习：体会动作要领，注意技术动作关键点。

（2）两人多球练习：一人发多球，另一人练习推挡。

（3）一发一推练习：一人发球，另一人做推挡练习，约定次数后交换练习。

（4）两人单球推挡练习：在掌握动作要领前提下两人做推挡计数练习，斜线练习计数任务结束换直线练习。

4. 直拍推挡常见问题、原因与改进方法

常见问题	发生原因	改进方法
击球弧线过高或出界	1. 手腕外旋不够充分 2. 食指没有用力压拍 3. 球拍后仰角度过大	1. 手腕充分外旋 2. 食指放松，拇指压拍保持拍面稍前倾
回球落点控制稳定、失误多	1. 动作发力部位不对 2. 击球节奏控制不好	1. 由以肘关节为轴发力改为以肩关节为轴发力进行向前上方推送 2. 挥拍击球动作与还原动作一致

二　横拍拨球

1. 特点与应用

横拍反手拨球具有动作舒展、动作结构稳定、发力充分、攻击性强等特点。

现代乒乓球进程中，横拍反手技术不单具备防御与相持的作用，更多时候承担着与正手进攻同等重要的作用。在实战中，反手拨球是反手拉球、反手快撕、反手弹击、反手侧拧等进攻技术的基础，也是上旋球相持中的主要技术，既能为正手进攻创造条件，同时也能为正手进攻提供辅助与支撑作用（图3-9）。

（1）　　　　　　　　　　　　（2）

（3）　　　　　　　　　　　　（4）

图 3-9　横拍反手拨球

2. 动作要领与步骤

（1）**引拍**：两腿平行站立，手臂自然弯曲，上臂和前臂夹角约 90°，手臂外旋的同时手腕内收使拍面前倾，引拍至身体左腹部位置。

（2）**挥拍击球**：当来球跳至上升后期时，以肘关节为轴前臂外旋向右前方挥动，手腕作后伸和外展，拍面稍前倾击球中上部，击球时手臂、手腕保持节奏与稳定性。

（3）**随势挥拍**：击球后前臂和手腕继续向前上方挥动，挥拍至球落至对方球台后准备还原。

（4）**还原**：手臂收回，还原至准备击球动作。

3. 横拍拨球练习方法

（1）**徒手挥拍练习**：体会动作要领，注意技术动作关键点。

（2）**自抛自打练习**：非持拍手抛球，持拍手反手拨落台的反弹球，体会动作要领。

（3）**两人多球练习**：一人发多球，另一人练习横拍拨球。

（4）**一发一拨练习**：一人发球，另一人做拨球练习，约定次数后交换练习。

（5）**两人单球拨球练习**：在掌握动作要领的前提下两人做拨球计数练习，斜线练习计数任务结束换直线练习。

4. 横拍拨球常见问题、原因与改进方法

常见问题	发生原因	改进方法
击球点不稳定	击球时手腕动作与手臂动作不一致，配合不好	手臂动作在前，手腕动作在后，手腕要配合手臂发力
击球出界或下网过多	出界是拍面上扬角度过大，下网是拍面过于前倾	调整合适拍面，基本保持稍微向前倾斜拍面，击球以撞击为主，摩擦为辅

▶ 3-5 ◀
直拍反手
推挡视频

▶ 3-6 ◀
横拍反手
拨球视频

第六节 | 正手攻球技术

一 特点与运用

乒乓球的攻球技术是指在击球方式上以撞击为主的进攻性技术。正手攻球技术具有动作协调度高、动作幅度大、攻击力强的特点。在实战中，正手攻球技术是乒乓球攻球技术当中最为重要的进攻性技术，也是主要得分技术之一。

二 技术要领与动作步骤

以右手握拍为例，正手攻球技术要领和动作步骤如下（图 3-10）。

（1）**站位引拍**：身体居于球台中间偏右位置，离球台 30～50cm。两脚左右开立，左脚稍前，重心向右腿转移，同时身体右转带动手臂向右后方引拍。手臂引拍位置要高于球台，上臂与身体夹角为 30°，前臂与上臂夹角约为 120°，手臂稍作内旋使拍面稍前倾，直拍需拇指压拍，食指放松。

（2）**挥拍击球**：击球时，右脚蹬地，髋关节向前转动，腰向左转，在来球上升期或高点期击球中上部，击球瞬间，手腕保持稳定，前臂向左前上方发力。

（3）**随势挥拍**：击球后身体继续向左前方移动，带动手臂继续向左前上方挥拍至左眼上方，身体重心随之移向左脚。

（4）**还原**：重心转移，腰转体，手臂收回，还原至准备击球动作。

（1）

（2）

图 3-10

（3）

（4）

图 3-10　正手攻球

三　技术关键点

（1）击球点在身体右侧前方。

（2）尽量用重心转移和腰转动发力带动手臂击球。

（3）触球瞬间，手腕保持相对固定，不要试图通过甩动手腕发力。

四　练习方法

（1）**徒手挥拍练习**：体会动作要领，注意技术动作关键点。

（2）**两人多球练习**：一人发多球，另一人练习正手攻球。

（3）**一发一攻练习**：一人发平击球，另一人做正手攻球练习，发球方双手接对方攻球后再继续发球，双方约定次数后交换练习。

（4）**两人单球攻球练习**：在掌握动作要领前提下两人做正手攻球计数练习，斜线练习计数任务结束换直线练习。

五　正手攻球常见问题、原因与改进方法

1. 击球时吊腕、翘腕

原因：握拍方法不对。

改进方法：直拍手腕握拍要稍抬起，横拍手腕要适度放松，拍面呈半横状。

2. 引拍向后拉肘

原因：击球点过近，前臂没有打开。

改进方法：以肘关节为轴心，前臂引拍要外展，击球点在身体右侧前方。

3. 击球时抬肘

原因：出手位置低，拍面后仰过多。

改进方法：手臂引拍适当抬高，直拍拇指压拍，食指放松，保持拍面稍前倾。

4. 击球点不准、拍面前倾，摩擦球多、撞击球少

原因：击球点错误。

改进方法：在来球的高点期撞击球的中部，拍面略微前倾，拍面与球台大约成 80°角。

5. 手臂和身体夹得太紧，影响手臂发力

原因：过于紧张。

改进方法：持拍手臂放松，上臂与身体形成大约 30°的夹角。

3-7
正手攻球
视频

第四章
乒乓球的基本步法

　　本章讲述乒乓球的各类步法及其在具体情况下的应用。通过本章学习，学习者将掌握乒乓球步法的涵义、特性及分类，了解手法与步法的配合顺序，学会运用合适的步法去处理各种来球。

　　步法是乒乓球运动环节中重要的组成部分。运动员在击球过程中如果能够具有合理的步法，那么击球点就会更合理，从而使击球的速度、力量、旋转得到充分的发挥，击球就会更有质量和威胁性。对于乒乓球运动员来说，练好步法是基础。没有灵活的步法做支撑，再好的乒乓球技术也会由于击球的位置不合理使得击球的动作变形，从而影响击球的准确性。

第一节 | 单步

一 单步移动技术的特点

单步动作简单，移动范围小，移动中重心转换比较平稳，是各种打法运动员都需要掌握的常见步法，适用于距离身体较近的来球（或者一步之内的距离都可以采用此步法），比如正手摆短、反手摆短、反手拧等。

二 单步的动作要领

以来球异侧脚前脚掌内侧为轴转动，蹬地用力；另一只脚向前、后、左、右（来球方向）移动，身体重心随之转移到移动脚上，然后再挥臂击球；击球动作结束后，移动腿的前脚掌内侧用力蹬地还原，回到准备姿势。

单步左右移动和前后移动步法见图4-1和图4-2。

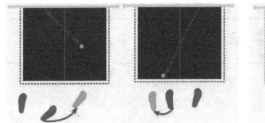 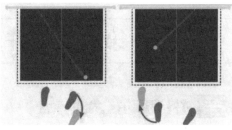

图4-1 单步左右移动　　　　图4-2 单步前后移动

三 单步动作步骤

起动：以一脚前脚掌内侧用力蹬地，并以此脚掌为轴稍转动。

移动：另一只脚向左、右、前、后不同的方向移动。

支撑：当移步完成时，身体重心也随之落在移动脚上，同时挥臂击球。

还原：注意还原。

四 易犯错误

（1）移动不勤，伸手够球去击球，步法不到位。

（2）移动击球时，身体重心还未落到移动脚上。

五　单步的练习方法

（1）结合球台，划出区域，结合教练员口令与挥拍动作模仿单步练习。

（2）多球练习：发多球，结合手上动作，进行单步移动练习，如正手向前、后、左、右单步击球练习。

（3）两人单球练习：陪练控制半台不同落点，练习者运用单步进行移动击球练习。

六　移动技术关键点

移动时使身体重心向击球方向移动；击球后注意用移动脚的前脚掌内侧蹬地，使身体还原。

▶ 4-1 ◀

单步视频

第二节 | 并步（侧滑步）

一　并步移动技术的特点

并步动作简单，移动范围适中，移动的幅度比单步大、比跨步小。由于并步移动时没有腾空动作，有利于保持身体重心的稳定，是各种打法运动员都需要掌握的常见步法。

二　动作要领

先以来球异侧方向的脚用力蹬地向另一只脚移（或叫并）半步或一小步，另一只脚在并步落地时即向同方向移动，也就是一脚先并，同时另一脚跨出一小步。

并步向右移动和向左移动步法见图 4-3 和图 4-4。

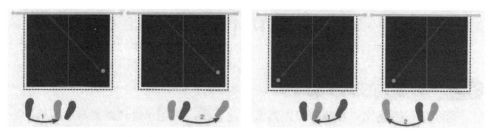

图 4-3　并步向右移动　　　　　　图 4-4　并步向左移动

三　动作步骤

起动：用来球方向的异侧脚前脚掌内侧蹬地。

移动：在发力脚向另一脚并拢的同时，另一脚向来球的前、后、左、右不同方向跨出一步，身体重心不要起伏过大。

支撑与还原：在持拍手的同侧脚落地时，挥拍击球。脚落地时即可制动，击球后快速还原。

四　易犯错误

（1）未根据来球距离判断是采用小并步还是大并步。

（2）移动击球时，身体重心停留在蹬地脚上，未进行重心转换。

五　并步的练习方法

多球训练时，喂球者喂左、右半台各一球，练习者并步移动进行左推右攻将球回击，击完一板球后，注意步法和身体重心的转换。

六　移动技术关键点

向击球方向移动时，不宜跨得过大；击球后注意用移动脚的前脚掌内侧蹬地，使身体还原。

▶　4-2　◀

并步视频

57

第三节 | 跨步

一 跨步移动技术的特点

　　跨步移动距离比单步和并步距离大，速度快，多用于处理距离身体较远的来球，移动中容易失去重心，且被动还击居多，击球动作多为借力击球，是被动情况下的应急步法。

二 动作要领

　　一脚先跨，另一脚随后跟进（图4-5）。

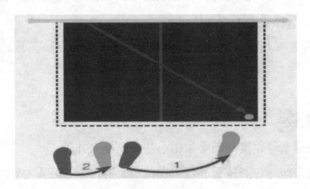

图4-5　跨步向右移动

三 动作步骤

　　起动：用来球方向的异侧脚前脚掌内侧蹬地。

　　移动：另一脚向来球的前、后、左、右不同方向跨出一大步。向来球方向移动时，另一只脚也要迅速滑动半步跟过去，然后挥拍击球，身体重心不要起伏过大。

　　支撑与还原：在移动脚落地时，即可制动，击球后迅速还原。

四 易犯错误

　　（1）未根据来球距离判断是采用小并步还是大并步。

　　（2）移动击球时，身体重心停留在蹬地脚上，未进行重心转换。

五　跨步的练习方法

（1）在球台划出区域，结合教练员口令与挥拍动作模仿跨步练习。

（2）多球练习：发多球，结合手上动作，进行跨步移动练习，如向右或后方跨步回击正手位来球，向左或后方跨步回击反手位来球等。

（3）两人单球练习：陪练先打练习者一点，突然变向打练习者大角度的另一点，让练习者运用跨步进行击球练习。

六　跨步移动技术关键点

4-3

跨步视频

来球异侧脚前脚掌内侧蹬地用力；来球同侧脚向来球方向跨出一大步，身体重心跟向移动脚，同时蹬地脚迅速滑动半步跟过去，随之挥拍击球；向击球方向移动时步法不宜过大；另一只脚要及时跟进。击球后，移动脚快速蹬地还原，回到准备姿势。

第四节 | 侧身步

一　侧身步移动技术的特点

侧身步是当来球逼近击球员身体或至击球员反手位时，击球员采用侧身正手攻球时使用的步法。此步法常有短暂的腾空时间，这对于保持身体重心的稳定有一定的影响，通常靠膝、踝关节的缓冲来减小重心的起伏。

二　动作要领

以右手握拍为例，当来球在左侧时，先以右脚蹬向左脚旁，与此同时左脚向左前方迈出一大步，身体重心随之落到右脚，然后再挥拍击球。

三　动作步骤

起动：来球异侧的脚前脚掌内侧用力蹬地。

移动：先以右脚蹬向左脚旁，与此同时左脚向左前方迈出一大步。

支撑与还原：蹬地用力的脚先落地。当移步完成时，身体重心也随之落在持拍手侧的脚上，同时挥臂击球，注意还原。

四 练习方法

练习时，喂球者连续发左半台球，练习者运用侧身步移动进行反手＋侧身攻结合技术将球回击，每打完一板球后，注意步法和身体重心的转换。

五 易犯错误

（1）侧身幅度过小，导致正手击球侧身动作不充分。

（2）侧身步移动击球时，身体重心未放在右脚上，重心转换不够。

六 移动技术关键点

移动时要保持使身体重心尽量平稳；击球时机是在持拍手同侧脚落地的同时。

第五节 | 交叉步

一 交叉步移动技术的特点

交叉步移动的步幅比前几种步法都要大，它主要是用来对付离身体较远的球。通常是进行完侧身正手攻球后，对方回球打到正手位大角度时所采用的步法移动，也用于正手位大角度进攻后对方回球到反手位大角度的步法移动。

二 动作要领

当对方右边大角度来球时（图 4-6），右脚作为支撑脚，左脚迅速从右脚前跨过，向球台右侧大角度来球方向迈出一大步，随后支撑脚右脚跟着左脚落地方向再迈出一步，击球挥拍与移步同时进行。

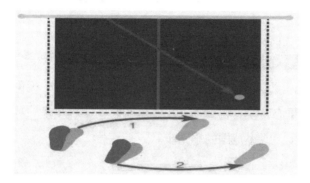

图 4-6　交叉步移动

三　动作步骤

起动：来球方向的异侧脚前脚掌内侧蹬地，使身体重心向来球方向移动，并转为来球方向的同侧脚蹬地。同时身体向移动方向转动。

移动：来球方向异侧脚从另一只脚的前面跨过，在落地时，挥拍击球。

支撑与还原：在来球方向的异侧脚交叉落地后，另一脚快速移动到外侧支撑进行制动，并快速还原。

四　练习方法

练习时，喂球者可采用多球或单球连续向练习者的左、右两个大角度进行喂球，练习者正手侧身攻球后采用交叉步衔接右半台大角度来球，击球后，再次采用交叉步回到本方左半台反手位进行击球。

五　易犯错误

（1）移步的同时未能完成挥拍击球动作，时机掌握不好。

（2）移动击球时，重心靠后，迎前不够。

六　交叉步移动技术关键

前交叉步的时机要和击球时机结合好；击球后支撑脚的移动要迅速，使身体快速还原。

▶　4-4　◀
交叉步
视频

第六节 | 小碎步

一 小碎步移动技术的特点

小碎步又称碎滑步，它贯穿于乒乓球动态击球的始终。无论是发球后，还是单步、并步后的重心转换，都离不开小碎步调整。小碎步是一种动作很小、频率较高的原地小垫步，或小范围的小跑步。

二 动作要领

运用小碎步时，后脚跟虚离地面，前脚掌几乎贴着地面滑动，向不同方向进行小范围的位移（图 4-7）。在乒乓球运动中经常用作原地的重心调整、击球后的还原、小范围的移动、大范围步法移动前的预动以及不同步法之间的衔接等。在每个击球动作中衔接小碎步，使击球动作成为从一个运动状态过渡到下一个运动状态的连接。

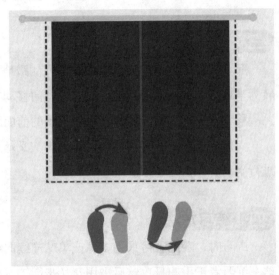

图 4-7　小碎步移动

三 小碎步练习方法与注意事项

小碎步的训练既简单又复杂。简单的是单独的小碎步很好练习，只要双脚后脚跟虚离地面，前脚掌向前后左右小幅度移动即可，移动时要注意保持身体和腿部适当弯曲。小碎步复杂之处在于如何与其他步法衔接。比如用并步移动到位后，怎么用小碎步来调整重心和两脚间的距离，使得更有利于发力击球，这需要在练习其他步法时，有意识地去体会小碎步的作用，逐渐形成在运动中随时调整身体重心的习惯。

第七节 | 步法练习要求与辅助练习方法

一 要求

（1）在移动过程中，运动员应始终保持良好的准备姿势。

（2）在移动过程中，运动员应始终注意身体重心是否在正确的位置。

（3）运动员应注意力集中，注意教练员的动作，特别是细节。

（4）运动员应注意蹬地动作，蹬地力量大，移动快。

（5）运动员应注意重心移动和腰的灵活性。

（6）运动员应注意在移动中始终保持身体稳定，身体重心不能上下起伏太大。

（7）教练员要及时纠正运动员的错误动作。

二 相关练习方法

1. 模拟练习法

（1）模拟单打：运动员两人一组，模仿比赛的场景，要求运动员根据对方运动员的动作，准确地做出判断和动作，以提高各种步法的应用能力和判断能力。

（2）模拟双打：运动员四人一组，模仿比赛的场景，要求运动员根据对方运动员的动作，准确地做出判断和动作，以提高各种步法的应用能力和判断能力。在练习时应遵守双打的各种比赛规则。

2. 单人持球练习法

（1）颠球练习：运动员用球拍做颠球练习，同时练习各种步法，熟练后教练员可用口令指挥运动员的移动方向。

（2）拍球练习：运动员用球拍做拍球练习，熟练后教练员可用口令指挥运动员的移动方向。

3. 对墙击球练习法

（1）对墙击落地球：运动员对墙击落地球，同时依据落点的变化进行各种步法练习，熟练后教练员可用口令指挥运动员的移动方向。

（2）对墙击落台球：运动员对墙击落台球，同时依据落点的变化进行各种步法练习，熟练后教练员可用口令指挥运动员的移动方向。

第五章
乒乓球的组合技术

　　本章讲述如何从单一技术，结合步法与手法的运用成为组合技术。通过本章的学习，学习者应了解单一技术与组合技术的关系；掌握组合技术的层次结构；了解步法与手法运用的顺序；根据不同来球将组合技术在实战中实践应用。

　　组合技术是由两个以上的单一技术或单一技术在不同情况下连续使用构成的。单一技术是构成战术的基本单元，而组合技术则为战术提供比较系统的作战手段，它把进攻、控制和防守结合成体系，以保证能够合理有序地使用战术，应对较为复杂的比赛，满足实战的需要。例如，发球后侧身抢攻的结合，左推和右攻的结合，推挡、侧身攻和扑正手的结合等都是重要的组合技术。

第一节 | 半台跑位技术

一 正手半台两点跑位技术要领及运用

1. 正手半台两点跑位技术

在正手攻球的基础之上加入步法的训练，通过滑步在第一点位和第二点位之间往返连续击球，两个点位的距离通常是球台的二分之一或者三分之二（图5-1）。

（1） （2） （3）

（4） （5） （6）

图 5-1 正手半台两点跑位技术

2. 正手半台两点跑位技术的步法移动

（1）向左移动：先迈右脚向左移动，再迈左脚。

（2）向右移动：先迈左脚向右移动，再迈右脚。

左右脚移动时，第一步和第二步移动时间间隔比较短，几乎是第一步一迈出，第二步紧接着跟上。即将移动时，重心稍微往上提起；移动时重心稳定；落地时，重心微微降低，不能有太大的起伏。

3. 训练步骤

以准备姿势起手，击球动作完成后，（几乎在完成击球动作的同时）采用滑步的步法移动至第二点位进行击球，动作分解如下。

第一步骤：先移动右脚（向左移动）

第二步骤：完成引拍动作

第三步骤：左脚顺势向左移动（此时已基本移动至第二点位）

第四步骤：判断来球，找准击球时机，完成第二点位的击球动作

第一步骤与第二步骤几乎是同时完成的，但又有先后顺序，中间间隔时间比较短；第三步骤顺势完成；第四步骤相对于第一、二步骤要做些许停顿，间隔时间要长一点，因为还有一个判断来球、找准击球时机的过程。

4. 练习方法

（1）徒手挥拍结合步法移动练习，体会该组合技术动作要领。

（2）来球时判断来球位置，找准击球点。

（3）两点连续拉（攻）练习，一人推两点，另一人用正手连续攻球。

二　反手半台两点跑位技术要领及运用

1. 反手半台两点跑位技术

在正手攻球的基础之上加入步法的训练，通过滑步在第一点位和第二点位之间往返击球，两个点位的距离通常是球台的二分之一或者三分之一（图5-2）。

图 5-2　反手半台两点跑位技术

2. 反手半台两点跑位技术的步法移动

（1）向右移动：先迈左脚向右移动，再迈右脚。

（2）向左移动：先迈右脚向左移动，再迈左脚。

左右脚移动时，第一步和第二步移动时间间隔比较短，几乎是第一步一迈出，第二步紧接着跟上。即将移动时，重心稍微往上提起；移动时重心稳定；落地时，重心微微降低，不能有太大的起伏。

3. 训练步骤

以准备姿势起手，击球动作完成后，（几乎在完成击球动作的同时）采用滑步的步法移动至第二点位进行击球，动作分解如下。

第一步骤：先移动左脚（向右移动）

第二步骤：完成引拍动作

第三步骤：右脚顺势向右移动（此时已基本移动至第二点位）

第四步骤：判断来球，找准击球时机，完成第二点位的击球动作

第一步骤与第二步骤几乎是同时完成的，但又有先后顺序，中间间隔时间比较短；第三步骤顺势完成；第四步骤相对于第一、二步骤要有些许停顿，间隔时间要长一点，因为还有一个判断来球、找准击球时机的过程。

4. 练习方法

（1）徒手挥拍结合步法移动练习，体会该组合技术动作要领。

（2）来球时判断来球位置，找准击球点。

（3）两点连续拉（攻）练习，一人推两点，另一人用反手连续攻球。

▶ 5-1 ◀
正手半台
跑位视频

▶ 5-2 ◀
反手半台
跑位视频

第二节 | 左推右攻技术

准确地说，左推右攻技术是对直拍选手而言的，横拍选手更多强调的是反手与正手的两面攻技术。

一 直拍左推右攻技术要领及运用

1. 技术动作标准（图 5-3）

（1）推挡：反手推挡时重心放在两脚之间，身体稍前压。根据对方回球的速度和角度，决定推挡球的性质，以制造进攻机会。

（2）判断与步法移动：反手推挡后，要判断来球的方向。当对方变线到正手位时，移动方向的异侧腿蹬地，移动身体重心，运用并步步法，快速移动到正手击球位置准备引拍。

（3）引拍：一般情况下，引拍的距离是由来球旋转程度和回击力量的大小决定的，正手位击球以进攻为主，需要加大击球力量，引拍距离稍大。

（4）攻球：在球的高点期或上升后期，挥拍击球的中上部，用腿的蹬伸力量带动手臂和手腕发力。

（5）还原：击球后，要保持身体的平衡，迅速还原。

| （1） | （2） | （3） |
| （4） | （5） | （6） |

图 5-3　直拍左推右攻技术

2. 技术动作关键点

（1）推挡技术要有速度，并要对对方回球的速度和落点做出预判。

（2）进攻技术和推挡技术要衔接好，正手进攻时，可以通过对击球点的调整，提高进攻效率。

3. 技术动作常见问题

（1）推球前，手腕不会后撤引拍，击球距离太短，影响用力。

（2）上臂和肘部离开身体右侧，致使拍面过于垂直，影响推球的速度和用力，动作不稳定。

（3）正手击球跑位的位置偏向右侧，导致正手攻球击球动作空间不足。

（4）未能采用并步（侧滑步）进行步法移动，导致击球重心不稳。

（5）步法移动与手臂动作同步或紊乱，推挡后接正手动作时，动作不协调，发不上力，缺乏稳定性和连续性。

4. 技术要领及练习方法

（1）技术要领

① 一方攻击两角时，另一方以反手位推挡和正手位攻球结合的方法进行回击，称作左推右攻。左推右攻不能同时兼顾两面，要有所侧重，一般用推挡过渡，寻找战机，诱使对方变线而用正手攻击。

② 正手进攻时要果断，敢于发力。推挡后，身体重心放在左脚，转入正手攻时，采用并步移动到正手位，并步距离根据来球位置决定，移步到位的同时重心转到右腿上，做好正手攻球准备。正手击球时，拍面稍前倾，尽量在来球的上升期击球的中上部。

③ 在正手进攻后，对方回球到反手位，同样采用并步还原到左半台反手位，形成反手推挡准备动作。

（2）练习方法

① 无球练习。结合并步步法徒手进行左推右攻练习。

② 多球练习。一人发多球，另一人进行左推右攻练习。

③ 单球练习。一人反手喂球，另一人进行左推右攻练习。

二　横拍两面攻技术要领及运用

1. 技术动作标准（图 5-4）

（1）反手：反手攻球时重心在两脚之间，身体稍前迎。根据对方回球的角

度和速度，决定反手攻球的性质，以制造进攻机会。

（2）判断与步法移动：反手攻球后，要判断来球的方向。当对方变线到正手位时，移动方向的异侧腿蹬地，移动身体重心，运用并步步法，快速移动到正手击球位置准备引拍。

（3）引拍：一般情况下，引拍的距离是由来球旋转程度和回击力量的大小决定的，正手位击球以进攻为主，需要加大击球力量，引拍距离稍大。

（4）攻球：在球的高点期或上升后期，挥拍击球的中上部，用腿的蹬伸力量带动手臂和手腕发力。

（5）还原：击球后，要保持身体的平衡，迅速还原。

图 5-4　横拍两面攻技术

2. 技术动作关键点

（1）反手进攻技术要有速度，并要对对方回球的速度和落点做出预判。

（2）正手进攻技术和反手攻球技术要衔接好，正手进攻时，可以通过对击球点的调整，提高进攻效率。

3. 技术要领及练习方法

（1）技术要领

① 一方攻击两角时，另一方以反手位攻球和正手位攻球结合的方法进行回击，称作两面攻。两面攻也可以有所侧重，一般用反手快速攻球或反撕，寻找战机，诱使对方变线而用正手攻击。

② 正手进攻时要果断，敢于发力。反手攻球后，身体重心放在左脚，转入正手攻时，左脚蹬地，右脚迅速向右方并步（并步距离视对方来球落点而定），左脚立即跟上，重心转到右腿上，做好正手攻球准备。正手击球时，拍面稍前倾，尽量在来球的上升期击球的中上部。

③ 在正手进攻后，对方回球到反手位，同样采用并步还原到左半台反手位，形成反手攻球准备动作。

（2）练习方法

① 无球练习。结合并步步法徒手进行两面攻练习。

② 多球练习。一人发多球，另一人进行两面攻练习。

③ 单球练习。一人反手喂球，另一人进行两面攻练习。

三　左推右攻技术的具体运用

（1）推、攻都要有线路变化、落点变化和节奏变化，这是推攻战术争取主动和创造扣杀机会的主要方法。

（2）推、攻一般以压对方反手为主，然后突然变正手，以创造进攻机会。如果对方正手较差，才可以主动推对方正手。

（3）在推、攻中突然加力推对方中路，使对方难于用力回击，然后用正手或侧身扣杀。

（4）遇到机会球时要果断扣杀，这是推攻战术得分的主要手段。

（5）推攻战术要坚持近台，又不能死守近台，要学会近台和中台的位置转换，掌握对手节奏。

（6）推攻战术对付弧圈类打法应坚持近台为主，用快推和加减力推挡控制落点，伺机采用近台反拉或中等力量扣杀弧圈球，然后进入正手连续进攻。

▶ 5-3 ◀
直拍左推右攻
视频

▶ 5-4 ◀
横拍两面攻
视频

乒乓球中考

为全面贯彻落实《中共中央　国务院关于加强青少年体育增强青少年体质的意见》（中发〔2007〕7号）、《国务院办公厅关于强化学校体育促进学习者身心健康全面发展的意见》（国办发〔2016〕27号）等文件精神，全国各地在陆续进行中考体育改革，其中乒乓球项目进中考是各个城市中考体育改革中的统一趋势。

乒乓球怎么考（以上海、天津为例）

考试开始，由乒乓球发球机定点向考生正、反手位连续交替发球30个，频率为40（±1）个球/min；球过网上缘8cm左右高度，发球到考生球台左、右两侧1/3区域内的中线附近区间内（距球台端线约30～55cm）。考生运用乒乓球正反手技术动作在全台区域内一正一反连续击球，应击中对面台面。**完成这项测试，采用的就是直拍左推右攻或横拍两面攻技术。**

每名考生连续击球30个，且只进行一次测试。

因发球机原因造成的考生失误，允许重新测试。

考试从发球机发出第一个球并落到考生反手位台面的瞬间开始计数，计算考生成功的累计次数。测试分数=$Y \times 4$（Y为击中次数，每击中一球得4分，击中25球以上即为满分）。

第三节 | 反手接侧身攻技术

一 侧身攻球技术

1. 技术概念与特点

侧身攻是依靠正手攻球速度快、力量重、攻势强的特点，通过侧身步的移动将反手位置的来球用侧身正手攻球的方式来完成。侧身攻比正手攻更具威胁，难度也更大，主要表现在脚步移动的范围较大，因而对步法和重心交换的要求更高，需要有力、灵活和敏捷，并要善于运用腰部转动帮助发力。侧身攻更利于发挥整个身体的力量，可以弥补反手进攻能力的不足，往往能使对方难于判断攻球的线路。侧身攻运用的次数在很大程度上标志着进攻队员能力的强弱。

2. 动作步骤与要点

（1）击球前，身体重心前倾，手臂自然放松，右肩略下沉。

（2）根据来球线路移动，充分侧身，同时转腰引拍。

（3）击球时，腰向左转，收缩前臂，向左前上方出手，上身向前压。

（4）击球后，重心以及手臂迅速还原。

（5）站位还原至中路偏反手位，准备下一板衔接。

3. 注意事项

（1）掌握好侧身移步的时间。起动过早，易被对方觉察而突击己方的正手空当；起动过晚，又会错过最佳的击球时间。通常来说，最好在对手球拍触球的瞬间判断清楚来球后即侧身。

（2）侧身的步法要高效迅速，一般是向侧后方移动（而非纯粹向后），并要具备连续进攻的能力（包括扑右方空当）。动作幅度应根据需要灵活调整，切忌动作过大发死力。

（3）要明确侧身攻球的战术意识，避免盲目侧身或习惯性侧身。

（4）侧身时应大胆果断，攻球必须有较大杀伤力，不能因为担心影响下一板的连续而犹豫不决，须知如果侧身击出的球缺乏威胁，反而更易陷入被动。

二 **反手接侧身攻技术**

1. 概念与动作步骤

反手接侧身攻球技术，是一组对于同为反手落点的来球，用不同技术处理的组合技术，在这个组合中步法采用的是侧身步（图5-5）。

（1）击球员站在反手位，用反手技术回击来球。

（2）还原的同时运用侧身步将身体转向正手击球动作，要将左脚向左前方斜向插入球台的底线延长线内，保证侧身的击球站位。落左脚的同时，重心略微转移到右脚，完成正手攻球引拍。

（3）重心和腰胯向前转动，挥拍完成正手击球动作。

（4）制动后，收左脚，出右脚，回到之前的反手位，进行反手击球。

（1）	（2）	（3）
（4）	（5）	（6）

图 5-5 反手接侧身攻技术

2. 练习方法

（1）徒手结合步法模仿练习。

（2）多球训练。由于这项技术的难度较大，采用多球训练的方法可有效提高熟练性，主要是掌握好击球时间和击球点。刚开始训练时，站位的重心稍靠右脚，击球时用腰控制手臂发力。教练员在发多球时可采用先直接发反手位长球，反复训练。在基本掌握了技术要领以后，可采用一板正手位短球一板反手位底线长球进行训练，要求运动员在训练中调节自己的位置，加大训练难度。

（3）单球练习。教练员打练习者反手位一点，练习者反复进行反手接侧身攻练习。

（4）实战性练习。在发抢训练的计划中，发短球到对方反手位，让对方侧身晃撇到反手位，用反面抢拉；接发球摆短到对方的中间位置或反手位，让对方需要侧身晃撇到反手面抢拉。

▶ 5-5 ◀
反手接侧身攻
视频

第四节 ｜ 反手接侧身攻后扑正手

一 技术概念与特点

反手接侧身攻后扑正手简称推侧扑，推侧扑组合技术是由推挡、侧身（跳步或者侧身步）加上交叉步或者并步、扑正手位组成的，这项技术多用于相持进攻中的正反手连续进攻和正手侧身攻接上步攻球，是乒乓球技术中较难掌握的一项组合技术。这项技术的步法技巧在于侧身这一步不仅要侧开，正手进攻打出质量，而且要移动重心以小碎步作为过渡，然后左脚再蹬地起动，向右侧做交叉步。一定要力争在交叉移动过程中，左脚落地前或者落地时完成击球动作，随即右脚迅速落地（图5-6）。

图 5-6　反手接侧身攻后扑正手

二　推侧扑技术的步法移动

（1）推侧扑技术的步法运用有两步：侧身步和交叉步。

（2）反手进攻后，身体重心向左脚压，为侧身做准备。

（3）左脚蹬地，并运用侧身滑步到侧身位进行侧身位攻球。

（4）侧身攻球后重心迅速回到右脚进行交叉上步。

（5）上步后进行正手攻球，重心从左脚移到右脚。

三　推侧扑技术的动作分析

（1）起动阶段：侧身后首先注意采用小碎步使重心还原，然后左脚蹬地起动。

（2）反手位击球阶段：直拍反手推挡，左脚稍前，推挡动作不宜过大，以速度快为主；横拍反手攻球双脚平衡站位，发力动作不宜过大，以创造正手侧身进攻机会为目的，击球后，迅速转移重心至左脚，准备侧身位击球。

（3）侧身位正手击球阶段：运用侧身滑步或跳步调整至侧身位，两脚呈左脚前、右脚后站位，同时正手准备侧身引拍动作，侧身正手击球动作要充分利用身体重心前后转移和身体转体的力量进行击球。

（4）交叉步击球阶段：左脚蹬地后迅速提起，在身前用交叉步做大幅度移位，使左脚超过右脚，在短暂腾空交叉的同时，完成挥拍击球动作，右臂尽量展开，使球拍迎击来球。

（5）落地制动阶段：左脚在身前交叉腾空后，左脚落地，身体重心下降，左脚呈半蹲状态，同时上体随击球动作向左转动，这样有利于减小冲力，起到制动作用，制动后身体迅速还原，准备反手击球。

四　推侧扑的练习方法

（1）徒手结合步法模仿练习：开始练习时可将动作进行分解，待动作熟练后再进行结合练习。

（2）多球训练：由于这项技术的难度较大，采用多球训练的方法可有效提高熟练性。教练员在发多球时可采用慢节奏发球，待练习者动作和步法熟练后，再提高发球速度，加大训练难度。

（3）单球练习：教练员打练习者反手位两点，正手位一点，练习者反复进行反手接侧身攻后扑正手练习，回球位置集中到教练员一点。

▶ 5-6 ◀
反手接侧身攻
后扑正手视频

第五节 | 一点对不同点

一 技术概念与特点

一点对不同点，也叫一点对不定点或者摆速练习，多用于实战相持技术中的正反手快速衔接与进攻。练习中，一点对不同点来球落点是相对随机的、无规律的，需要练习者有较高的快速判断能力和动作挥拍速度及还原能力，可以很好地锻炼练习者的反应能力以及正反手的转换能力。

二 一点对不同点的步法移动

脚下随时进行调整，利用小垫步、小碎步调整身体的位置和重心，两只脚要时刻保持弹性，重心下移，切忌站得太直太死，导致身体僵硬不利于步法移动和动作连续。脚下应时刻处于一个起动状态，当整个人处于动态的时候，手上反应、衔接也会更快速。

三 一点对不同点的动作分析

1. 还原

在正反手摆速练习的时候，每一板球打完之后动作要停在身体的中间，不能击球后动作停在左边或停在右边，每次击球完毕应在中间还原一下，这样才能更好地进行正反手的转换。打完球以后重心快速还原，准备衔接下一板球。只有不断地进行重心的转移，才能更好地进行起动，也能保证上肢更好地协调发力。

2. 动作幅度

在摆速练习的时候注意引拍幅度，引拍幅度不要太大，在近台摆速的时候，注意正反手的引拍高度应高于台面或者与台面同高，用中上等力量练习摆速击球。

3. 动作要领

在摆速练习的时候，不能仅用手臂去摆，要充分利用腰部带动手臂进行快速摆动，如果只靠手去摆动，击球速度很难发挥出来，也很难将球控制稳定。要学会利用腰部的力量把正反手带动起来，通过腰部的左右转动，来提高上肢的转动频率，从而将手臂带动得更快，还原得更快。

四 一点对不同点的练习方法

（1）徒手结合步法模仿练习：开始练习时可将动作进行分解，待动作熟练后再进行结合练习。

（2）多球训练：由于这项技术的难度较大，采用多球训练的方法可有效提高熟练性，教练员在发多球时可采用慢节奏发球，待练习者动作和步法熟练后，再提高发球速度，加大训练难度。

（3）单球练习：教练员打练习者全台不定点，练习者连续运用正反手进行攻球或拉球练习，回球位置集中到教练员一点。

（4）实战练习：可以把比赛中常见的套路球做一个比较和筛选，从中选择难度比较大、对练又比较困难的几种主要球路，确定为练习的重点，并用这些重点套路练习来带动其他套路球的练习。在套路球的练习中增加不定点的因素，也就是说，把套路球的练习与后续的不定点的练习有机结合起来。比如，发球后侧身拉起，然后扑正手或推挡后侧身扑正手，这都是比赛中常见的套路球，要求练习时在完成套路的基础上接着进入不定点的摆速练习，比如接反手推或反手攻进入左右不定点的练习，接正手连续拉、扣的练习，接中路偏正手的小侧身连续拉、打的练习等。实践证明，这样的练习效果很好。

5-7
一点对不同点
视频

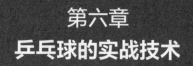

第六章
乒乓球的实战技术

　　本章讲述乒乓球实战中的一般方法、手段和技术。通过本章学习，学习者应掌握单一技术-组合技术-实战技术模式的转变；熟练掌握基本实战技术方法；理解实战技术的一般思路与应用；能够运用实战技术去进行比赛。

第一节 | 旋转发球技术

发球技术是乒乓球竞赛中唯一不受对方限制的技术，技术的主动性比较强，因此发球技术成为了乒乓球竞赛中创造得分机会的主要技术。在训练和比赛中，每位运动员都会根据自己的打法特点和技战术体系练就几套运用成熟的发球技术，以达到直接得分或者创造进攻机会的目的。

发球技术按球的旋转性质划分，主要有上旋发球、下旋发球、侧旋发球和逆旋转发球；按发球技术动作的方式划分，主要有正手发球、反手发球和下蹲发球；按抛球高低程度划分，有高抛发球和低抛发球。

一 上旋发球（动作讲解和示范以右手握拍为例）

1. 正手发上旋奔球（急球）

（1）特点与作用

上旋奔球的特点是球速快、落点长、冲力大、球的飞行弧线低平。正手发上旋奔球是平击发球的升级版，体现在动作更快、球速更快，动作要更加熟练，是初学者实战进阶最基本的发球方法，也是掌握其他发球方法的基础。

（2）动作要领（图 6-1）

击球前：做好准备姿势，站位近台，左脚在前，身体略向右转；两手臂自然弯曲置于腹前，左手掌心托球；左手将球垂直向上抛起的同时，右臂稍内旋使拍面角度稍前倾并向身体右侧后方引拍。

击球时：当球从高点下降至球网高度位置时，挥拍动作上臂带动前臂、手腕，持拍手由右后方快速向左前上方挥动击球，击球的中上部，拍面稍前倾；触球瞬间运用手腕的弹击爆发力，尽量使球击出后第一落点靠近本方球台的端线。

击球后：手臂继续向左前上方随势挥动，之后迅速还原。

击球要点：发力要点主要集中在前臂和手腕，身体重心从右脚移至左脚。

图 6-1　正手发上旋奔球

2. 反手发上旋奔球（急球）

（1）特点与作用

反手发上旋奔球的特点跟正手发奔球相似，但引拍动作更小，隐蔽性要差一些，一般多是横拍选手采用此种发球方式。

（2）动作要领（图 6-2）

击球前： 做好准备姿势，站位近台，右脚在前或平行站立，身体略向左转；两手臂自然弯曲置于腹部左前方，左手掌心托球；左手将球垂直向上抛起的同时，右臂稍外旋使拍面角度稍前倾并向身体左后方引拍。

击球时： 当球从高点下降至球网高度位置时，挥拍动作上臂带动前臂、手腕，持拍手由左后方快速向右前上方挥动击球，击球的中上部，拍面稍前倾；触球瞬间运用手腕的弹击爆发力，尽量使球击出后第一落点靠近本方球台的端线。

击球后： 手臂继续向右前上方随势挥动，之后迅速还原。

击球要点： 发力要点主要集中在前臂和手腕，身体重心置于两脚之间。

图 6-2　反手发上旋奔球

 下旋发球（动作讲解和示范以右手握拍为例）
——正手发下旋球与不转球

（1）特点与作用

正手发下旋球与不转球的特点是球速较慢，前冲力小，发球动作相似，但旋转反差较大。用极为相似的发球手法，来迷惑对手，使其回球失分或出高球，为抢攻得分创造机会。正手发下旋球是旋转发球的基础性技术，也是学习掌握其他发球方法的基础。

（2）动作要领（图6-3）

击球前：通常正手进攻能力强的选手发球选择在左半台，这样有利于发球后直接形成正手进攻。做好准备姿势，站位近台，左脚在前，身体向右转；两手臂自然弯曲置于腹前，左手掌心托球；左手将球垂直向上抛起的同时，右臂外旋使拍面角度后仰并向身体右后上方引拍，手腕外展。

击球时：当球从高点下降至球网高度位置时，在上臂带动下，前臂、手腕加速向腹前下方发力。发强下旋球时，用球拍的下半部去摩擦球的中下部，并向球的底部摩擦，触球瞬间手指和手腕加强爆发力，加大对球的摩擦同时尽可能增加球停留在球拍上的时间；发不转球时，拍面后仰角度略小些，用球拍中上部去撞击球的中下部，撞击球后稍向前推送球，使作用力线尽可能接近球心，从而形成不转球。

击球后：击球后，挥拍动作尽可能停住，之后迅速还原。

击球要点：发加转球时，发力要点主要集中在前臂和手腕，发不转球时，手腕在触球瞬间相对静止。在发球过程中，要尽量配合身体重心的转移。

图 6-3　正手发下旋球

三　侧旋发球——正手发左侧上、下旋球

（1）特点与作用

正手发左侧上、下旋球以旋转变化为主，飞行弧线向对方左侧偏转，对方回球向本方左侧上（下）反弹。这种发球动作幅度较小，发球手法相似，却能发出

两种不同旋转的球，有利于发球方选手进行抢攻，是运动员在比赛中运用较多的发球手法。

（2）动作要领

击球前：做好准备姿势，站位近左半台，左脚在前，右脚在侧后，身体向右偏斜；两手臂自然弯曲置于腹前，左手掌心托球置于腹部左前方；左手将球垂直向上抛起的同时，腰部略向右转动，右臂外旋使拍面角度后仰并向身体右后上方引拍，手腕充分外展。

击球时：当球从高点下降至球网高度位置时，在上臂带动下，前臂、手腕加速向腹前下方发力。发左侧下旋球时，手臂自右上方向左前下方加速挥拍，球拍从球的右侧中上部向球的左侧中下部摩擦，腰配合手部动作向左转动；发左侧上旋球时，球拍从球的右侧中下部向左侧中上部摩擦，并勾手腕以加强上旋。

击球后：挥拍动作尽可能停住，之后迅速还原。

击球要点：发力时，在上臂的带动下，前臂、手腕和手指瞬间发力摩擦，腰部辅助用力。在发球过程中，要尽量配合身体重心的转移。

四　逆旋转发球（动作讲解和示范以右手握拍为例）——正手逆旋转发球

（1）特点与作用

逆旋转发球是近年来比较"火"的一种发球方式，其发球给接球者带来较大威胁，更容易获得进攻主动性。逆旋转是针对顺旋转的发球来说的，其发球基础也是源于顺旋转，但动作更为隐蔽，旋转更加变化多端，用正手发出的逆旋转球具有类似反手发球的性质，特别适合反手强的选手发球后两面上手抢攻。

（2）动作要领（图6-4）

击球前：做好准备姿势，站位近左半台，左脚在前，右脚在侧后，身体向右偏斜；引拍后肘部抬起，手臂向内后上方引拍，手腕充分内收。

击球时：触球时向右外侧发力摩擦，发侧下旋球时，触球中上部，向下用力；发侧上旋球时，触球左侧上部，向前下方用力。

击球后：手腕内收迅速还原。

图 6-4　正手逆旋转发球

五　下蹲发球（动作讲解和示范以右手握拍为例）——正手下蹲式发上、下旋球

（1）特点与作用

下蹲发球能充分运用身体的动能，可以将球的旋转最大化，在对方不适应的情况下，发球威力较大，从而直接发球得分或为本方进攻创造机会。

（2）动作要领（图 6-5）

击球前：做好准备姿势，左脚稍前，身体向右偏斜；左手掌心托球置于身体右前方；左手将球垂直向上抛起，右手将球拍上举至右肩上方，上臂和手腕外展，前臂屈，拍面略向左偏斜。

击球时：抛球举拍的同时，两膝弯曲做下蹲姿势，前臂伸开，手腕内收；当球从高点下降至球网高度位置时，持拍手迅速由右后方向左前方挥拍击球。发下旋时，触拍面左下部位，竖直的拍面后倾 70°~80°，球拍触球中后部，向右侧下方摩擦；发上旋时，触拍面右上部位，竖直的拍面角度约为 90°，球拍触球中后部，向右侧上方摩擦。

击球后： 双腿迅速蹬起，还原准备下一板击球。

图 6-5　正手下蹲式发球

六　高抛发球（动作讲解和示范以右手握拍为例）

（1）特点与作用

高抛发球是 1964 年中国选手创新发明的一项重要发球技术，发球时发球员将球向上抛 2～3m 高度，利用球下落时的加速度增大对球拍的压力，从而加快发球的速度，加强突然性。这种发球更多的是一种发球节奏上的变化，也是运动员在比赛中运用较多的发球手法。

（2）动作要领（图 6-6）

击球前： 做好准备姿势，站位近左半台，左脚在前，右脚在侧后，身体向右偏斜；两手臂自然弯曲置于腹前，左手掌心托球置于腹部左前方；左手将球垂直向上抛起，一般抛起高度为 2～3m，同时，腰部略向右转动，右臂外旋使拍面角度后仰并向身体右后上方引拍，手腕充分外展。

击球时： 当球从高点下降至肩部高度位置时，在上臂带动下，前臂、手腕加速向腹前下方发力。发左侧下旋时，手臂自右上方向左前下方加速挥拍，球拍从

球的右侧中上部向球的左侧中下部摩擦，腰配合手部动作向左转动；发左侧上旋球时，球拍从球的右侧中下部向左侧中上部摩擦，并勾手腕以加强上旋。

击球后：挥拍动作迅速制动、还原。

击球要点：高抛发球要特别注意球下落的时间与动作、身体配合的一致性。

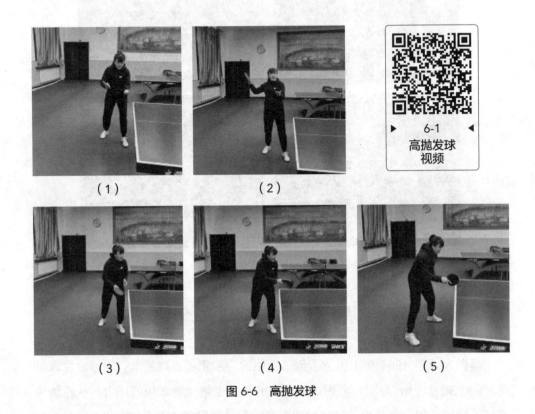

（1）

（2）

▶ 6-1 ◀
高抛发球
视频

（3）

（4）

（5）

图 6-6　高抛发球

第二节 | 搓球及接发球技术

搓球是在近台还击下旋来球的基本技术，它既是接发球的重要技术，又是控制性的技术，搓球质量好，可以为接下来的进攻制造机会。按搓球的时间不同，可分为慢搓和快搓；按搓球的落点不同，可分为摆短和劈长。

接发球技术不只包括搓球技术，同时也有积极、主动的控制技术和进攻技术，例如拧拉、晃撇、挑打等。

一　慢搓

（1）技术特点

击球动作幅度稍大，球的飞行速度慢，有利于加强旋转，在比赛中通过和快搓的有意识配合，可以变化击球节奏。

（2）技术动作要领（图6-7）

站位： 近台站位，两脚平行。对方来球时，右脚垫步上前迎球。

引拍： 反手搓时，前臂和手腕外旋使拍面后仰，引拍上提至肩部左右，在来球的下降前期或高点期击球。

挥拍击球： 触球时，击球的中下部并向底部摩擦，手腕略有摆动。

还原： 击球后，前臂随势前送后，迅速还原。

（3）技术动作关键点

多借力少发力；身体迎前帮助小臂发力；触球时，手腕快速发力摩擦球。

图 6-7　慢搓

二　快搓

（1）技术特点

击球动作小，回球速度较快，弧线低，落点变化多，借助来球的反弹力进行回击。

（2）技术动作要领

站位：近台站位，两脚平行。

引拍：反手搓时，自然引拍至稍低于肩部位置。

挥拍击球：击球时动作比慢搓幅度小，在来球上升期向前下方摩擦球中下部；击球瞬间手指、手腕用力。

还原：击球后手臂、手腕立即放松，迅速还原。

三　摆短

摆短具有动作幅度小、出手快、弧线低、回球短等特点。摆短技术是快搓技术的进一步发展，是回接和控制对方近网下旋球、限制对方抢攻的有效技术。

1. 正手摆短技术

（1）技术动作要领（图6-8）

步法移动和站位：判断来球，右脚向前跨步，身体靠近球台。

引拍：身体前迎，上身前倾。手臂伸进台内。球拍向后略引，拍面稍后仰。

挥拍击球：拍向前下侧方挥动，在来球的上升前期，摩擦球的中下部。触球时手腕适当发力，并控制球在对方球台的近网处。

还原：击球后，退步还原。但身体仍然保持前倾，以防对方回摆。

图6-8　正手摆短

（2）技术动作关键点

步法前跨要及时，保证手臂充分伸进台内。摩擦球的动作要快而小，注意借力发力。

2. 反手摆短技术

（1）技术动作要领（图6-9）

步法移动和站位：判断来球，右脚向前跨步，身体靠近球台。

引拍：球拍向后略引，拍面稍后仰。

挥拍击球：拍向前下侧方挥动，在来球的上升前期，摩擦球的中下部。触球时用手腕适当发力，切忌不要前送，在发力末期有往回收手的动作，控制球在对方球台的近网处。

还原：击球后，退步还原。

（2）技术动作关键点

手腕控制击球的力量和弧线，动作要小，借力用力。

图6-9 反手摆短

四 劈长

劈长具有球速快、弧线平直、角度大、旋转强等特点。用劈长的方式回接下旋球的威胁较大，可以遏制发球方的有效进攻。此外，可将劈长和摆短结合，通过变换落点和节奏的方式为本方赢得主动。

（1）技术动作要领（图6-10）

站位、引拍动作与慢搓基本相同。在来球的上升后期或高点期击球的中部。

并向中下部摩擦，还要适当撞击球。以前臂手腕发力为主，动作幅度稍大，前臂要跟进，发力要集中。劈长后，迅速还原，准备回击下一板球。

（2）技术动作关键点

劈长技术和之前讲的快搓技术是有区别的。快搓强调快，意在通过节奏的变化控制对手，而劈长就是使球的弧线更长。劈长一般将球击至对方追身位，让对方被顶住，造成回球质量下降，让自己进入主动的状态。相比较来说，劈长的进攻性和突然性更强。

图 6-10　反手劈长

五　正手晃撇

正手晃撇是一种借助身体的虚晃动作来迷惑对方的技术，是一项主动性的接发球技术，具有动作隐蔽、机动性强、线路灵活等特点。在接发球时可直接运用此技术得分或在比赛中使对方回球质量不高，利于本方的战术发挥，一般多用于侧身位和正手位的上旋球。

（1）技术动作要领（图 6-11）

以正手台内球为例：靠近球台，右脚向右前上方上步，身体重心在右脚；前臂伸向台内，手腕外展，拍面适当打开；球拍触球瞬间手腕突然改变拍面方向，击球中下部左外侧，使球改变原来预想的线路，击向相反的方向；击球后，迅速还原，准备回击下一板球。

（2）技术动作关键点

动作的突然性与隐蔽性，主要体现在击球一瞬间拍形的变化与身体动作的配合。

图 6-11 正手晃撇

六 反手台内拧拉

反手台内拧拉技术是回击台内下旋球的进攻性技术，具有旋转强、弧线底平、线路诡异多变的特点。反手台内拧拉技术的问世，标志着乒乓球全台进攻再无死角，也极大地提高了接发球质量，可以直接略过台内小球和搓球的阶段，直接进入上旋球的对抗，提高了乒乓球的观赏性和对抗性。

（1）技术动作要领（图 6-12）

站位： 判断来球，身体前迎，选好拉球位置。

引拍： 肘关节略向前上顶出，拍头下垂引至靠近台面，根据来球旋转情况，拍面适当前倾或立起，持拍手要适当放松，手腕适当内收。

挥拍击球： 球拍向前上方呈半弧形挥动，触球时，前臂以肘关节为轴，带动手腕快速发力，选择击球高点期，摩擦球的外侧部位。

还原： 控制挥拍的距离，以便尽快还原。

（2）技术动作关键点

依靠手腕的爆发力克服来球旋转。在练习拧拉时，初期拧拉不用过多强调速度和力量，而是保证拍形，体会摩擦和制造弧线的感觉。步法要在击球前确保到位。在比赛中，正确判断旋转是拧拉上台的关键，根据旋转的性质和强弱，调节击球的拍形和发力方向。

6-2
搓球和接发球
视频

图 6-12　反手台内拧拉

第三节 | 弧圈球技术

弧圈球技术是乒乓球技术中比较先进的进攻技术。弧圈球技术的优势体现在把击球的弧线、力量、速度和旋转等要素结合起来，它既能作为具有强大杀伤力的进攻技术，有效得分，也能作为过渡性技术，有效控制来球，是对付搓球、削球、推挡、发球的有效技术手段。

弧圈球技术可分为正手弧圈球技术和反手弧圈球技术。根据弧圈球技术的旋转特征，可分为加转弧圈球、前冲弧圈球和侧旋弧圈球。

一　正手弧圈球技术

正手弧圈球的力量大、速度快、稳定性较好，击球的时间和空间都比较充分。正手弧圈球是乒乓球技术体系中最具有威力的进攻性技术。

1. 正手拉加转弧圈球

正手拉加转弧圈球具有飞行弧线比较高、上旋强、球速慢、上台后下沉较快等特点。加转弧圈球相比前冲弧圈球，由于其动作和弧线特点，上台保险系数更高，是对付下旋球的有效技术。此外，由于击球的时间是在下降期，可以在球下降的时间观察对手的动向，然后再决定出手。

（1）技术动作要领（图6-13）

站位： 左脚稍前，身体离球台大约50cm，适当降低身体重心。

引拍： 球拍向后下方引，身体重心转移至右脚，右肩下沉，拍面接近垂直或稍前倾状态。直握拍者手腕下垂伸开，横握拍者手腕下垂稍外展。

挥拍击球： 当来球跳至下降前期，前臂在腰、髋和大臂的带动下向左前上方爆发性用力收缩，摩擦击球的中上部或中部，击球点在身体的右侧稍前的位置，身体重心由右脚向左脚移动，击球瞬间，手指手腕加速摩擦发力。

还原： 右手臂继续向左前上方顺势挥拍至左额上方，之后迅速还原，小碎步调整，准备回击下一板球。

（2）技术动作关键点

发力顺序为在腰、髋转动下，上臂带动前臂、手腕发力；摩擦球的瞬间前臂加速收缩；重心从右脚转移至左脚。

（3）易犯的错误及纠正方法

易犯的错误：拍面前倾过度；挥拍过早；击球点离身体太近；易造成拉空或拉到拍边上。

纠正方法：拍面稍立，找准正确、合适的击球点和击球时间。

图6-13　正手拉加转弧圈球

2. 正手拉前冲弧圈球

前冲弧圈球具有球速快、弧线低、冲力大等特点，是进攻技术中最为有效的进攻手段。

（1）技术动作要领（图 6-14）

站位： 比加转弧圈球的站位稍近一些，身体重心也稍高一点。

引拍： 向后下方引拍，根据来球的弧线高低，确定引拍的位置。一般情况下低于来球，但位置比拉加转弧圈要高。拍面角度比加转弧圈球更前倾，身体重心移到右脚。

击球： 向左前上方挥动球拍，在球的上升后期或高点期击球中上部，手臂借助身体转动的力量发力，前臂和手腕在击球瞬间发力摩擦球，触球时，拍面稍前倾，依靠身体转体进行前后角度发力。

还原： 击球后，为了让力量充分地作用在球上，右手臂继续向左前上方顺势挥拍到左额前方，身体重心移至左脚，之后迅速还原，小碎步调整，准备回击下一板球。

（2）技术动作关键点

正手拉前冲弧圈球是得分的利器，强调进攻的质量。要产生较大的力量，首先强调肌肉的发力顺序，只有用力顺达，才能产生合力。击球时，要掌握好发力的时间，以躯干带动手臂、以手臂带动手腕，依次发力，加速挥拍击球。其次要有爆发力，尤其对手臂的加速运动有特别的要求。引拍时上肢要放松并适当打开，迎球时要顺势（即协调配合腿部与腰部的力量），重点是在大、小臂的加速运动上，形成类似于甩的动作。最后要注意还原，时刻准备下一板球。弧圈的动作与攻球相比要大一些，还原也较为不易。关键有两点，一是制动，二是用腰带着手臂还原。

图 6-14　正手拉前冲弧圈球

（3）易犯的错误及纠正方法

易犯的错误：引拍位置过低；击球时间太早；挥拍发力方向向上太多。

纠正方法：引拍位置比拉加转弧圈球要高，在来球的上升后期或高点期摩擦击球。发力方向以向前为主。

3. 正手反拉弧圈球技术

正手反拉弧圈球是一项难度较高、在相持环节中由防守转为进攻的重要技术。

站位： 双脚平行或左脚稍前，根据来球选择站位远近，一般距离球台 1～2m。

引拍： 向右后方引拍的同时向右转动，重心移至右脚。

击球： 拍面前倾，在上臂带动前臂加速向前上方挥动，手腕配合发力，在来球上升后期击球，适当借力。

还原： 随势挥拍后迅速调整身体重心并迅速还原。

二　反手弧圈球技术

反手弧圈球具有出手快、突然性强、落点变化多等特点，由于引拍幅度有限，与正手弧圈球相比，反手在力量和旋转上稍逊一筹。反手弧圈球通常用于反手位接发球、中远台对拉、搓中反拉。反手拧拉技术的问世，突破了传统的近台下旋短球控制战术，更强调上旋球的对抗。在近些年的乒乓球比赛中，运用反手进攻和击球的比例在逐渐提升，反手技术体系越来越受到重视。

1. 反手拉弧圈球技术

（1）技术动作要领（图 6-15）

站位： 两脚平行或右脚稍前站立，间距略大于肩宽，双膝微屈，重心在两脚之间。

引拍： 右手臂向左腹下方引拍，腰、髋随之向左后下方转动，右肩下沉，拍面适当前倾，肘关节略向前顶出，手臂稍外旋，持拍手要适当放松，手腕下垂，重心在左脚上。

挥拍击球： 左脚提踵、脚掌蹬地，前臂在腰、髋和大臂的带动下向右前上方平移，击球瞬间以右肘关节为轴，上臂带动前臂、手腕、手指加速向右前上方挥动，摩擦击球的中部或中上部。反手拉前冲弧圈球时的击球时间为上升后期或高点期；拉加转弧圈球时击球时间为下降前期。

还原： 击球后，右手臂继续向右前上方顺势挥拍，挥拍至右额上方，制动后快速恢复至准备状态。

（2）技术动作关键点

反手拉下旋，肘部适当前顶，要为反手创造出发力和击球的空间；击球时，身体和手臂要适当放松，击球时才会有瞬间的集中发力，先有一定比例的撞击，再快速摩擦。初期可以先练习在下降初期击球，找到感觉后，再逐步练习在高点期击球。

图 6-15　反手拉弧圈球

（3）易犯的错误及纠正方法

易犯的错误：肘关节没有前顶；击球点在身体外侧；击球时间晚，导致不易发力作用在球上。

纠正方法：肘关节适当前顶；击球点控制在偏中路的位置，并找准正确的击球时间，避免球顶拍。

2. 反手反撕技术

反撕指的是对方拉过来的弧圈球，在近台反拉回去的技术，其具有球速快、弧线低、威胁性大的特点。反撕技术由反手快拨中发展而来，通过加强摩擦球来反击弧圈球。

（1）技术动作要领（图6-16）

站位： 离台稍远，左脚在前，右脚稍后。

引拍： 稍向后方引拍，比反手弧圈球的引拍短且位置略高，球拍适当前倾。

挥拍击球： 球拍向前略上方挥动，摩擦的点约在中上部。重心前压，借力为主。

还原： 随势挥拍后，调整重心，快速还原。

（2）技术动作关键点

由于在中近台球速特别快，反撕要很大程度借助来球的速度和旋转，在来球的上升期快撕，收前臂反拉回去。

► 6-3 ◄
拉弧圈球
视频

图6-16 反手反撕

第四节 | 直拍横打技术

一 直拍横打技术特点

直拍横打是由中国运动员独创的一项直拍反手反面击球技术，与传统的直拍推挡打法相比，直拍横打技术更为丰富多样，反手位的攻击力也更强，已经成为现代直拍运动员必须掌握的一项技术。之所以把直拍横打技术放入到实战技术章节中，主要考虑直拍横打技术就是为了解决直拍反手不能进攻的难题，是为了实战而诞生的一项技术。

二 直拍横打握拍方式

与左推右攻握法明显不同，直拍横打为了让反手进攻时板形亮开，背面三根手指伸得更直，拇指用力多些，食指放松，中指指尖顶住球拍，控制板形。

三 直拍横打技术体系

包括直拍横打快拨、直拍横打快撕、直拍横打弹击、直拍横拉下旋球、直拍横打上旋球等技术。

1. 直拍横打快拨

直拍横打快拨是直拍反手体系的基础，反手横拉、快撕、快带都以此为基础。直拍反手快拨具有动作小、球速快、线路变化多、稳定性好等特点。

（1）**技术动作要领**（图 6-17）

站位：双脚左右开立，反手位半台偏球台边侧站位，身体距离球台 30 ~ 50cm。

引拍：拇指压拍，食指放松，拍面稍前倾，手腕立起，向左侧后下方引拍，引拍位置要高于球台。

挥拍击球：前臂在腰髋的带动下在来球的上升期击球的中上部，挥拍方向为右侧斜前上方。

还原：随势挥拍重心由左脚转向右脚，并迅速还原准备回击下一板球。

（2）技术动作关键点

多体会膝盖屈伸、脚踝的弹性带动下的引拍和击球。初学者练习时建议不要动手腕，以前臂作为支撑，重心降低。形成反手击打的感觉后，再逐渐加入摩擦，有利于形成完整的反手体系。

图 6-17　直拍横打快拨

2. 直拍横打快撕

直拍横打快撕是通过加强摩擦球来反击弧圈球的一种技术，具有球速快、弧线低、威胁性大等特点。

（1）技术动作要领

站位： 双脚左右开立，反手位半台偏球台边侧站位，身体距离球台 30 ~ 50cm。

引拍： 前臂在腰和髋的带动下引拍至腹部左前方，拍形前倾与台面成 45° ~ 50°（根据来球旋转）。引拍与来球同高，幅度比直拍反面攻球大。

挥拍击球： 在来球的上升期或高点期摩擦球的中上部，前臂手腕控制好拍形，发力以向前为主。

还原： 随势挥拍，根据对方回球迅速还原，准备下一板球。

（2）技术动作关键点

不能仅仅依靠手臂发力，要善于利用自身重心的转移而产生爆发力。

3. 直拍横打弹击

直拍横打弹击主要在近台防守、相持、快攻时使用。在对付台内或近台稍高

于球网的弧圈球时威胁很大，具有动作小、速度快、落点变化多等优势。

（1）技术动作要领

站位： 双脚左右开立，反手位半台偏球台边侧站位，身体距离球台 30 ~ 50cm。

引拍： 适当抬高身体重心，肘关节前顶。拇指压拍，食指放松，拍面稍前倾，注意手腕要立起。

挥拍击球： 在来球的上升后期或高点期击球中上部，向前下方发力，发力短促。

还原： 顺势还原。

（2）技术动作关键点

发力短促，没有大幅度的引拍动作，如果引拍幅度大了，就来不及找到击球点。对方来球上旋较为强烈时，向下发力更多。手腕在发力时要有转动压拍的动作，拍面有一定的调整下压，不能直直地往下去弹，手腕有一个向下拧的动作。反手在弹击过程中，通过手腕拍形的调整来制造弧线。

4. 直拍横拉下旋球

（1）技术动作要领（图 6-18）

站位： 身体站位，两脚分开，基本在同一直线上站立，两膝内收微曲，重心在双脚内侧。

引拍： 击球前身体略左转，手腕内收引拍至左下后方，稍低于球台，拍形成半横状。

挥拍击球： 当球跳至高点期或下降前期时，腰部带动上臂，前臂右后向前挥动，触球中上部或中部，触球瞬间向前上方发力，双脚掌内侧用力蹬地。

还原： 顺势挥拍还原。

（2）技术动作关键点

处理不同旋转的下旋球，引拍位置要注意变化，反手拉强下旋球时，引拍位置要更低一点，拉弱下旋球可以向斜后方引拍。引拍时要充分收腹，让出击球空间；击球时前臂要迅速旋转向前方送出，协同摩擦；发力以展腹为主，转腰为辅。

图 6-18　直拍横拉下旋球

5. 直板横打上旋球

（1）技术动作要领

站位： 身体站位，两脚自然分开站立，略比肩宽，持拍手的另一侧脚稍靠前。

引拍： 击球前身体前迎，拍面前倾，引拍在胸腹之间，手腕内扣，重心落在持拍手另一侧脚。

挥拍击球： 在来球的下降期触球的中上部，重心转至右脚，击球瞬间手腕外展以肘部为轴先向上后向前摩擦来球。

还原： 顺势挥拍，快速还原。

（2）技术动作关键点

拉球时注意对手臂和手腕的控制，不可大幅度甩动。在拉上旋球时，接触球的顶部或中上部，同时手臂和球拍要多往前送一些，这样可以更好地控制回球的弧线和落点。连续快拉时，注意动作的连续性，学会借力发力。

▶ 6-4 ◀
直拍横打
视频

第五节 | 削球技术

削球作为乒乓球三大类打法之一，曾经一度是乒乓球界的主流打法，然而随着历史的发展、规则和器材不断改革、新技术不断出现，目前世界乒乓球运动由进攻型技术，特别是弧圈球打法主宰。在攻球速度、力量不断加大的情况下，如今的削球技术打法，只有在稳削的基础上，加大旋转和落点的变化，加强主动进攻的比例和威胁，才能在比赛中获得更多的优势。

一 正手削球

（1）技术动作要领（图6-19）

站位：右脚稍后，身体重心偏向右侧，双膝微屈。站位中台左脚稍前，上体稍向右转，重心落于右脚，持拍手臂自然弯曲于腹前。

引拍：拍形竖立（即与台面近似垂直），顺来球方向向右上方引拍，拍面后仰。

挥拍击球：在来球的下降前期击球的中上部，前臂在上臂的带动下，随身体重心的移动向下、向前、向左挥动，带动手腕内收，伴有摩擦球的动作。

还原：手臂继续向左下方随势挥拍，制动后注意及时还原。

图 6-19　正手削球

（2）技术注意事项

发力时，以手臂带动手腕，动作向前，发力充分。在下降期击球，但不能过于低于台面。在适度摩擦的前提下要保持足够的撞击力，否则球不会过网。

二　反手削球

（1）技术动作要领（图 6-20）

站位： 左脚稍后，身体重心偏向左侧，双膝微屈。

引拍： 前臂提起，握拍手做外展，拍形竖立，引拍至肩高附近。

挥拍击球： 当球弹起至下降前期时，持拍手从左上方向右前下方挥动，拍面稍后仰，用前臂和手腕稍用力切削，球拍在胸前击球的中下部，并顺势挥至右侧下腹位置，身体重心向下、向前、向右挥动。

还原： 手臂继续向右下方随势挥拍，制动后注意及时还原。

（2）技术注意事项

反手削球因受到身体限制，引拍动作要有节奏。削球的重点和难点是手臂、腰、腹和腿的协调用力。

图 6-20　反手削球

▶ 6-5 ◀

削球视频

第七章
乒乓球的基本战术

　　本章讲述乒乓球实战中较为常见的几种战术的运用。通过本章的学习，学习者应了解乒乓球单打基本战术的内容和运用，对战术手段进行分析，以谋求在比赛中能够实施有效的战术意图。

第一节 | 发球抢攻战术

一 适用条件与战术特点

　　发球抢攻战术是比赛中力争主动、先发制人的一种战术，它是前三板阶段中的精华。采用此战术时，运动员首先利用发球的旋转、落点变化来控制对方，使对方回球质量不高，然后再运用积极的进攻技术（或有力的扣杀，或用弧圈球等技术进行攻击），常能取得主动或直接得分。发球抢攻战术既能得分，亦能得势，可体现出鲜明的个人战术风格。

　　发球战术运用的效果主要取决于发球的质量和第三板进攻的能力，适用于发球能力较强、预判能力较强、抢攻意识较强、步法移动快的运动员。倘若希望靠此战术得分，必须要有积极的进攻意识和灵活的步法作为基本支撑。

二 技战术解析

　　运用发球抢攻时，要注意发球与抢攻的配合，所选的发球技术要与自己的技术特长密切结合。例如，擅长侧身攻的选手，可以侧身发左侧旋球为主；擅长反手攻球的选手，可以反手发右侧旋球为主。发球前，要做到心中有数，预先估计对方可能怎样回接、接到什么位置、自己如何抢攻。

三 具体战术讲解

　　发球抢攻战术一方面可根据对方接发球的手段、线路和落点等因素来进行判断和选择；另一方面可从个人打法类型特点出发。例如，发逆旋转正手位短球，配合正手抢拉出台球，压制对方反手位；发侧旋中间偏反手短球，配合反手拧拉对方正手落点；发反手急长球，配合正手位前冲弧圈球，进攻对方正手。总之，要结合自身技术特点、优势和习惯的进攻手段，形成发球抢攻战术套路。

1. 反手发右侧上、下旋球抢攻

　　反手发右侧上、下旋球，发至对方中路靠右近网处，伺机攻击对方。若对方回球至本方右半区，可直接正手抢攻得分。若对方回球至本方左半区，即发球处，可选择两种方式进行进攻。第一种是反手进攻，第二种是侧身正手进攻。这两种方式各有优缺点：反手进攻对步法要求较低，无需大范围移动跑动，上台率中等，比较稳健，但问题在于，即使上台，进攻的力量也比较小，速度比较慢，威力比较小，无法给对方造成实质性威胁，易形成接下来的回合对峙，属于中规中矩的接法；而侧身正手进攻则有较大的威力，速度、力量、旋转都上了一个档次，若上台，几乎可以直接得分，造成实质性威胁，但问题在于对步法移动的要求较高，需要大范围的移动，滑步、侧身步、交叉步混合运用，极易失去重心，也容易失误，在侧身的同时会给正手位留出空当，不易还原。

2. 正手发不转球后抢攻

这是直拍选手经常采用的一项发球抢攻战术，因为发转球很容易被对方借转后转入反控制局面，这对直拍是极为不利的。而发不转球时，对方在判断不准的情况下不敢轻易进攻，直拍选手则有更多的进攻主动权。

7-1
发球抢攻
视频

正手发不转球通常可发至对方中路或发出正手近网短球，建议前期以发加转下旋球为宜，以使对方不敢轻易抢攻，待对方习惯搓球或防守为主后，再转为发不转球，令对方无所适从。发不转球后，对方通常接球后会冒高，因此要做好抢攻的准备，根据对方回球的长短采用合适的进攻手段，建议运用正手弧圈球或正手攻球进行抢攻，从而创造得分机会。

第二节 | 搓攻战术

搓攻战术包括搓球和抢攻两种技术，是两种技术的结合。

一　搓攻战术特点

（1）在搓球过程中，旋转、落点的控制和变化服务于抢拉技术。这是搓球

中抢攻（拉）战术实施的前提，也是成功的关键。

（2）搓球以摆短控制为主，结合劈长，与后续抢攻（拉）技术构成两种进攻的方式：接发球后的进攻和下旋球相持中的进攻。

（3）接发球技术是比较被动的技术，因此搓接后的抢攻（拉），其难度比发球后抢攻（拉）要大。但是在相持中的搓中抢攻（拉），双方机会（或主动权）在理论上均等。

二 战术要求

（1）搓中抢攻（拉）能够完成战术要求并取得成效，搓球的质量是前提，搓球质量决定着抢攻（拉）有无机会和有多少机会，所以首先要强调搓球，必须通过有质量的搓球，给对手一定回接球上的压力，使抢攻有更多的机会。

（2）能够上手抢攻（拉），实施主动进攻是解决战斗的主要武器。抢攻（拉）的技术能力如果高，可以给对手造成回接球压力，适当弥补搓球质量上的缺陷。相反，搓球质量高也可以弥补抢攻（拉）能力上的某些不足。

（3）要提倡少搓球，建立尽快上手抢攻的战术意识，不要养成只有搓出类似小半高球那样的机会球时，才去进攻的习惯，事实上，因为比赛中极少有这样的机会。

三 具体战术讲解

1. 反手搓后侧身攻（拉）的战术运用

（1）运用条件

用反手接对方发的短球，控制对方上手并限制回接的范围，同时准备侧身上手抢攻（拉）。

在对搓过程中，通过主动控制，使对方搓或拉出质量不高的球到反手位时，可侧身抢攻（拉）。

在与削球打法的对手比赛时，可通过连续搓球后进行抢攻。

（2）运用方法

搓球时，对对手的情况做出判断。一般，如果快搓对方出台大角，对方被迫移步回搓或拉接时，回到反手半台的可能性比较大。因此，这种情况下，可以早一点做好侧身准备。

搓球时，要寻找侧身机会。如果搓球的质量比较差，比如速度比较慢、旋转比较弱、落点比较差，或者以上三种情况兼而有之，在搓球时被对方控制住，就很难有侧身的机会。故提高搓球质量，可以创造更多的进攻机会。

不能侧身过早，即在对方没有击球之前便开始侧身。要培养在对手击球的瞬间就做出判断的能力，在其球出手的瞬间侧身。

2. 正手位回摆转正手位攻（拉）的战术运用

（1）运用条件

对手发到正手位的短球，可用正手进行回摆，当对方再次回搓正手位球出台时，可正手位上手攻（拉）。

对方回搓正手位的短球，可用正手进行回摆，当对方再次回搓正手位球出台时，可正手攻（拉）。

（2）运用方法

正手位搓短球时，不能消极地去碰接，而要主动去控制对方。此时身体要随手臂迎前跟进，保证回摆动作的完整性和搓球的质量，以便为下一板上手攻（拉）创造条件。回摆后注意还原，为侧身攻（拉）或正手攻（拉）做好准备。

正手攻（拉）时，要判断来球的旋转和落点，调整步法，以抢到适合的击球位置，并保证击球时有一个合理的动作。

回摆完正手位球，不能就地等待，而是先要还原体位。要有这样一个意识：不还原，就永远没有正手进攻的机会，而会被对方盯住反手位打。积极还原还可以给对方一个信息，即我可以侧身攻（拉），也可以正手位攻（拉），这种信息本身给对手在回接时，就造成了一定的心理压力。

攻（拉）正手位的球时，要看清球是长还是短，切不可急于扑上去攻（拉）。如果抢位靠近球台，来的是长球，可以调节一下身体和手上的动作，即身体可稍向后仰，挥拍多向上方，把原来想拉前冲的球，变成加转弧圈球，以避免由于击球位置不好造成拉球失误。

3. 反手搓反手攻（拉）的战术运用

（1）运用条件

用反手搓接对方发的近网短球后，对方搓长球或搓出机会球时可运用反手攻（拉）。

对搓过程中，对方搓球出台或搓出的机会球在反手位时，可采用反手攻（拉）。

当搓接后，对方拉或挑打反手位，且球的质量不太高时，可采用反手攻（拉）。

（2）运用方法

搓接后反手攻（拉），是攻防兼有的一种实战技术策略。因为站位居中偏左，对球台两边都能顾及，而且上手攻（拉）的时间比较充裕，判断上的难度也比侧身抢攻（拉）要小。

要做好攻（拉）下旋和反攻（拉）弧圈球或挑打球这三种准备。不能攻（拉）球时，可摆短控制，亦可劈长，迫使对方勉强上手，创造更多反手攻（拉）的机会。

有质量的搓球控制，是反手攻质量和成功与否的前提。

7-2
搓攻战术
视频

第三节 ｜ 拉攻战术

拉攻战术是以进攻型选手对付防守型选手的主要战术，是采用连续拉弧圈球突破对方防守，伺机寻找机会进行突击（包括扣杀和抢冲）的一项战术。为了发挥拉攻的战术效果，首先要具备能够连续拉弧圈球的能力，并有线路、落点、旋转、轻重等变化，其次要有拉中突击和连续扣杀的能力。

一 正手拉下旋弧圈球接攻球的战术运用

1. 战术特点

（1）站位在中近台，弧圈球转，攻球快，战术杀伤力强。

（2）技术的稳定性比较高，所以在战术运用上有比较好的适用性，即在具有良好攻击性的同时，还具有良好的控制性。

（3）由于击球的时间可选择性大，能够比较好地对弧线进行调节，从而为本方进攻赢得主动。

2. 战术意识

第一板拉弧圈球主要是将来球从下旋球转变为上旋球，通过旋转限制对方进攻，并为本方攻球创造机会条件。

注意速度和旋转的结合。如果对手回接上旋球的能力比较差，在战术运用的原则上，应该是在不失去速度的前提下，尽可能地给球加转。如果对手回接上旋球的能力比较好，在战术运用的原则上，应该是通过一定的旋转来保证球在既不下网也不出界的前提下，充分发挥力量和速度特点，以此来得分。

3. 战术运用条件

当对方为削球手用削球回击时，本方采用拉弧圈球制造出机会球后，用攻球进攻。

当两方形成相持局面时，可用正手拉弧圈球后伺机用攻球进攻。

当在相持中由防转攻时，可用正手拉弧圈球后伺机用攻球进攻。

二 反手拉下旋后侧身冲的战术运用

1. 战术特点

（1）站位在近台，出手速度快，突然性强，是从下旋转为相持对攻的主要技术。

（2）反手拉既可力争一板制胜，也可为正手拉创造条件。

（3）这是接发球抢攻和搓中抢攻的常用战术。

2. 战术意识

（1）突出尽可能早上手的积极主动的战术思想。充分利用反手上手快的战术特点，实施先发制人的策略。

（2）把速度加旋转的技术特点结合起来是制胜的要点。

（3）反手拉主要以旋转为主，保证技术的稳定性，正手抢冲以速度为主，保证技术的杀伤力。在线路和落点的选择上，不要打对方的防守优势位置，要尽量调动对手，让对方在动中回球。

3. 战术运用条件

（1）当反手发球，对方搓接到反手位时，可以考虑先用反手拉起，并转侧身冲。

（2）当对方发反手位球出台时，可以用反手拉起转侧身拉。

（3）当对方搓中反手位球出台时，可以用反手拉起转侧身拉。

4. 注意事项

（1）发球抢拉或搓中拉时，要有意识地通过发球或搓球创造这种机会，切不可无目的地等到有机会时才拉。只有主动有意识地运用反手拉，再侧身正手拉才具有杀伤力。否则虽然反手拉起来，但由于技术使用仓促，往往不能转侧身攻而陷入被动。

（2）反手拉球后转侧身攻，是建立在反手对对方的控制和正确判断球线路基础上的，不能想当然地反手拉后就侧身，这样可能会出现反手拉后扑正手的情况。

（3）反手拉球的动作不易过大，以保证转正手拉球有充足的准备时间。

三 反手拉上旋来球后侧身冲的战术运用

1. 战术特点

（1）站位中近台，各项技术衔接快，动作紧凑。

（2）反手拉与正手拉两种进攻有不同的节奏变化。

2. 战术意识

反手拉主要以旋转为主，保证技术的稳定性，正手抢冲以速度为主，保证技术的杀伤力。

3. 战术运用条件

（1）当对攻中反手位的来球质量不高时，可主动用反手拉。

（2）当对方抢攻，但拉球质量不高时，可用反手反拉后抢侧身拉攻。

（3）当自己正手抢拉后，对方回球到反手位时，可用反手拉后抢侧身拉攻。

4. 注意事项

（1）正手侧身拉以反手有质量的拉球控制为前提，即基本控制住对方后才可进行。所谓控制，就是使对方选择变线的可能性尽量小，从而侧身抢拉能比较安全地实施。判断来球也是建立在基本控制对方回接范围的基础之上的。如果没有基本的控制能力，对方可随心所欲地回接，即使判断正确，也只能做防守性的回接。

7-3
拉攻战术
视频

（2）侧身拉斜线比较容易，因为线路相对比较长，击球时间可以晚一些。但侧身拉直线则比较困难。一般讲，拉直线球对对方的威胁比斜线球大，因为直线球是打对方正手位的空当。拉直线球的困难在于来球速度比较快时，击球角度会使侧身后的击球点后移，迫使拍面在击球瞬间不面对直线方向。解决问题的方法是除了侧身要及时，拉球有比较充足的时间外，引拍动作要快且不宜太大，并在击球时保证一定的转体动作。

第四节 | 削中反攻战术

削中反攻战术是防守型打法对付同类打法及进攻型打法的有效战术手段。

乒乓球削中反攻战术主要由削球和攻球结合而成，常以逼角加转削球为主，伺

机反攻；或以转、低、稳、变的削球，迫使对方在走动中拉攻，以从中寻找机会予以反攻。这种战术有"逼、变、凶、攻"的特点，是攻、削结合打法的主要技术。

一　战术特点

（1）削球在中远台进行连续防御时，突然反拉会造成对方技术和节奏上的不适应。

（2）下旋削球和上旋拉球的结合，干扰了对方拉下旋球的习惯，容易造成对方回击球失误。

二　战术意识

削中反拉战术，主要是用削球的旋转和落点变化，迫使对方在移动中回拉球时质量不高，从而实施反拉战术。它要求削球运动员具备在相持阶段中应对冲拉的削球技术，以及通过旋转和落点的变化，主动实施控制的能力，能够不断地为反拉创造条件。同时还要求削球运动员具备良好的步法和在较大范围的移动中进行反拉的能力。这种能力可以保证在比赛中能够捕捉到更多的进攻机会，以及不失时机地发起反攻。此战术运用的基础是稳健的削球和对反拉机会的把握。

三　战术要点

1. 运用条件

在拉削相持过程中，通过主动控制，创造反拉的机会。

2. 运用方法

（1）用加转削球控制对方的反手位，使对方不能拉出前冲弧圈球。在控制的过程中，可以用正手或反手削不转球到对方正手位，尽可能使削出的不转球轨迹低而长。由于不转球和先前的加转球在旋转的差别上比较大，加之落点的变化，对方需要调整步法和击球点，由此可以造成对方在正手位时不敢加力冲拉。如果对方采用稳拉过渡，则可以进行

7-4
削中反攻战术
视频

118

反拉。

（2）对于侧身进攻能力强于正手位进攻的运动员，可以采用这种削中反拉的策略。战术运用方法是先连续削对方的正手位，使对方的站位偏向正手位侧，再伺机变削对方的反手位，迫使对方勉强侧身拉质量不高的球，进行反拉。

第八章
乒乓球的双打技术

通过本章的学习，学习者应掌握乒乓球运动双打技术的特点和配对形式；掌握乒乓球运动双打的几种站位和走位；学习乒乓球双打中的战术运用和基本训练法。

双打是乒乓球比赛中的一个重要的比赛项目。目前，世乒赛 7 个比赛项目中有 3 项是双打，即男子双打、女子双打、男女混合双打。奥运会乒乓球比赛原来有 4 个项目：男子团体、女子团体、男子单打、女子单打，其中团体比赛方法的变革，使双打比赛在整个团体比赛中至关重要，如果两个队势均力敌，双打的胜利就是该团体比赛胜利的保证。2020 年东京奥运会增设了混合双打项目，进一步增加了双打在奥运会乒乓球比赛中的权重。因此，双打成为了各个国家和协会都非常重视的比赛项目。我国要想继续保持在世界乒坛霸主的地位，就必须重视运动员的双打技术训练。虽然双打和单打有着密切的联系，但又有着许多不同的特点。要打好双打，就应对双打的特点、双打的配对、双打的步法、双打的战术以及怎样进行科学的训练等问题进行认真的研究。

第一节 | 双打的特点及配对

乒乓球双打是以单打为基础的。但是，一个优秀的单打运动员，不一定是优秀的双打运动员；两个最好的单打运动员，也不一定能够结合成最理想的双打组合。因为，双打是两人协同作战，在技术、战术的运用上，有它自身的特点，所以要想有效地提高双打的技术水平，就必须根据双打的特点，进行合理的配对和严格系统的训练。

一 双打技术特点

1. 双打突出配合

双打技术是建立在单打技术基础之上的，但两名优秀的单打运动员配对不一定能取得突出的双打成绩，而有时候，个人单打一般的球员，双打却有很好的成绩，这是由于双打讲究的是配合。首先，两名运动员在场下必须互相有很好的了解和交流，在思想上必须真诚团结、齐心协力。两人在思想感情上的融洽和合作，是增强比赛斗志、克服困难的保证。其次，两名运动员在生活中应能够互相关心、互相帮助，以确保在处理问题时能够协调一致。再次，在平时的训练中，两名运动员应能够在教练员的指导下，共同协商，做到知己知彼，力争将两人的技术融为一体，并创造出符合两名运动员技术风格的、能够扬长避短的、行之有效的战术，争取在比赛中多为同伴创造机会，少给对手有可乘之机。最后，两名运动员在场上必须互相信任、真诚合作，同心协力完成比赛，按照赛前布置的战术，默契配合力争打好每一板球。如果在场上情况发生变化，每位运动员都应冷静处理，以场上核心队员为中心尽量发挥其技术特点和长处，攻击对手的弱点。即使真的在比赛中由于一名运动员的心理问题或技战术问题出现明显的失误，也不应该相互抱怨，应本着严于律己、宽以待人的原则，互相鼓励，共渡难关，力争取得比赛的胜利。

2. 双打规则较复杂

由于双打比赛规则要求运动员必须按照发球、接发球队员确定的次序轮流击

球，因此双打比赛时运动员必须根据对方运动员的回球情况，既要在自己击球后迅速给同伴让位，还要保证下一板球自己跑动到位，所以运动员跑动范围大，不仅要向左右移动，而且还要前后跑动，要在快速移动中击球。然而击球的位置不固定，不仅影响回球的质量，还易造成回球失误，这就要求运动员必须具备灵活的步法以及在移动中判断各种落点和旋转球的能力，不仅要会近台攻，而且也能在中、远台攻。此外，双打发球必须从本方的右半台发至对方的右半台，因此，在一定程度上增大了发球的难度，降低了接发球的难度，这要求运动员必须提高发球的质量，以占据主动，同时也要求运动员必须做到快速移动，两位一体，以保证发抢战术和相持战术的有效实施。而接发球一方可以站在右半台等待来球，这对接发球抢攻是比较有利的。

二 双打的配对打法类型

合理的配对是打好双打的重要条件之一。双打时两名运动员的配合是否默契，是否能够取长补短、合二为一，充分发挥两人的竞技实力，是双打比赛能否获胜的基础。一般来讲，双打的配对主要从两人的打法类型和技术特点方面来考虑。双打的配对应该相对固定，在平时通过训练加强两人间的相互了解，以便在比赛时密切配合。在进行双打配对时，除了要重视两人的思想基础，在技术特点方面，还要考虑充分发挥运动员的技术特长、合理使用战术、便于灵活地交换位置、尽量缩小跑动范围、避免互相冲撞等要求，以做出合理的安排。最常见的双打配对如下。

1. 左右手握拍的运动员配对

左右手握拍的运动员配对是最常见的双打配对：一个左手握拍同一个右手握拍的进攻型运动员配对。这种配对在站位上可以一左一右，左手运动员偏球台右侧，右手运动员偏球台左侧，这样既可以充分发挥两名运动员正手的威力，又在移位时不会互相干扰，能有效缩短运动员每次跑动的距离，从而更好地发挥运动员的技术水平。

2. 打法风格的配对

两名运动员配对最好能够在技术特点上做到特长互补，例如，速度与旋转的结合。从技术的角度讲，以速度为主的运动员站位靠前，以旋转为主的运动员站位稍后，这样一前一后的站位，既可方便运动员让位和移动，缩小跑动距离，又可以一快一慢有效地扩大打击范围，形成立体的攻防体系。此外，还要考虑打法上凶和稳的结合，有凶有稳才能达到平衡。同样，这种配合可以改变回球的旋转、节奏等要素，从而增加对方运动员回球的难度。

3. 两名削球运动员的配对

两名削球运动员的配对更需要运动员之间默契配合。这种配对最好是一个以近削逼角为主，另一个以远削转与不转为主，或者两人均运用转与不转为主，在跑动过程中依据每位运动员的打法特点形成近台、中台、远台相结合的攻防转换网，并依据比赛的情况将旋转、落点、节奏的变化融为一体，两人同时又具备反攻能力，比赛中以削为主，有前有后，遇到机会进行有效的攻击，以便在比赛中占据主动。

4. 不同打法运动员的配对

一名使用颗粒胶或者是两面不同性能球拍的运动员与一名以近台快攻为主的运动员进行双打配对，运动员可以利用球拍击球的不同性能，使回球在旋转、节奏、力量、速度上发生变化，增加对方运动员的适应难度，迫使对方失误或回出机会球。但必须注意的是由于两名运动员的打法特点各异，因此对方运动员回球的旋转与单打时明显不同，应在平时的训练中不断磨合。

▶ 8-1 ◀
双打的特点与
配对视频

在训练工作中，双打的配对要有计划地及时固定下来，通过系统的训练，使两人在各方面都能相互了解，从而在比赛时做到行动默契、密切合作。双打项目的训练，一般在重大比赛前 2~3 个月安排较为合适，不要在赛前才临时凑对。同时，配对也不要经常调换，以免影响两人的合作。

第二节 | 双打的站位和走位

在双打比赛中，除了选手的自身技术水平影响胜负外，两名运动员的站位和走位也是一门不容忽视的重要学问。如果站位合理，移动就会迅速，让位也会方便，可以避免相互冲撞，有利于发挥个人特点。双打的走位应以既有利于自己击球又不妨碍同伴击球为原则。击球后，应迅速移位，避免对方打追身球。走位的方向、路线不能妨碍同伴击球，站位应尽量接近下次击球最有利的位置。良好的站位和走位，能够避开本方的软肋，发挥长处，从而展现双打之中两个人的互补优势，能够影响一场双打比赛的进程。

一　双打的站位方式

1. 平行站位

（1）发球方：发球员站立偏右，让出 3/4 的空间给同伴。

（2）接发球方：这一站位方式多为一左一右执拍的进攻型选手所采用，进攻型选手用反手接发球时也常采用此种站位方式。

2. 前后站位

（1）发球方：多为削球型选手所采用，发球员站位偏右稍前，其同伴居中稍后站立。

（2）接发球方：进攻型选手用正手接发球时，站位近台偏中，有利于正手进攻，其同伴则稍后错位站立；削球型选手，无论用正、反手接发球，均以前后站位为宜。

二　双打走位的要求和方法

步法是乒乓球运动员的生命，而步法在双打比赛中的分量更高于单打比赛，它是双打中两名运动员是否能默契配合、发挥应有水平的基础。比赛时，由于来球落点是经常变化的，因而走位就没有一定的规律。有时要向斜后退，有时又要向左右闪开，究竟怎样走位比较合适，要根据对方回球的情况来决定。双打比赛中运动员走位的基本要求是：每次击球后运动员必须迅速移动，把最好的击球位置让给同伴，既避免对方回击追身球，又便于同伴在回出高质量球的同时能为自己下一板球抢占有利的击球位置。但这个迅速移动的方向和位置并不是盲目的，它必须符合一定的条件，并有一定的规律。

1. 双打步法移动的条件

（1）适用范围：在能够保证完成双打走位要求的基础上，尽量缩短移动距离，以便节省体力，更有效地攻击对方。

（2）移动方法：移动后的位置应不影响同伴判断来球和移位，不妨碍同伴抢占击球位置，并尽量接近下一次击球的最有利位置。

2. 双打走位的方法

（1）"八"字形移动

适用范围：两名进攻型双打运动员执拍手为一左一右时，一般情况下采用此步法移位（图8-1）。

移动方法：两名运动员击球后均向自己反手位一侧移动，既可以为同伴让出最佳的击球位置，又有利于两名运动员正手实力的有效发挥。

图 8-1　左右手运动员双打站位及移动

（2）"O"字形移动

适用范围：两名运动员执拍手相同，且占位基本一致时，一般情况下采用此

步法移位（图8-2）。

移动方法：两名运动员击球后均向自己正手位一侧移动，然后以画圆的方式移动到反手位一侧准备击球，同伴击完球迅速从反手位移动到最佳击球位置，此方法的移动路线较左右手配对的运动员移动范围大，因此配合的难度也大。

图8-2　执拍手相同运动员移动跑位

（3）"T"字形移动

适用范围：一名站位近台的运动员与一名站位中远台的运动员配对时，多采用此步法移位（图8-3）。例如，一名进攻型运动员与一名削球运动员配对，一名快攻运动员与一名弧圈球运动员配对，一名近台削球运动员与一名中远台削球运动员配对，等等。

移动方法：站位近台的选手击球后，根据情况主要做左右移动完成跑位；站位中远台的运动员击球后，主要做前后移动完成跑位。

图8-3　近台与中远台运动员移动跑位

（4）"∞"字形加交叉移动

适用范围：相持中当对方运动员有意识地交叉打两角时，可采用此步法。

移动方法：两名运动员击球后就近从侧面小环形移动，当对方打另一角时，双方交叉变线换位后再用小环形在另一角快速移动。

▶ 8-2 ◀
双打的站位与
走位视频

第三节 | 双打的战术和训练

双打是技术特长和风格不尽相同的两人协同作战，因此，在平时训练和战术运用上比单打要复杂一些。在训练中除了要很好地研究对手的特点外，还要根据配对两人的特点来确定战术。在双打比赛中，树立先发制人、力争主动的战术思想尤为突出，往往在前四板中就决定一分球的胜负。即使是以削为主的配对，也应贯彻积极防御的思想，力争以旋转和落点的变化控制对手，伺机组织进攻。

一 双打的战术原则

单打的技战术是双打的基础，但双打更突出配合，它需要配对的两名运动员通过合作的方式，互相取长补短，通过相互配合达到最佳战术组合，从而充分发挥两名运动员的竞技能力，取得比赛的胜利。

1. 中签时发球和接发球的选择

（1）中签时一般选择接发球

根据双打规则的规定，比赛开始时首先由发球方确定第一发球员，然后再由接发球方确定第一接发球员。这样接发球一方可以根据对方运动员的排阵情况，有目的地选择对手，首先取得第一局的胜利，以便从心理和气势上压倒对手。常见的方式如下。

① 以强对强，以弱对弱。

两名配对的运动员在技战术水平上，一般不可能特别平均，总会有强弱之

分。此时，本方应根据对方发球运动员的情况，合理地选择接发球的人选。例如，为保证发球质量高的运动员在本局中发球的次数相对较多，对方会选择发球质量较高的运动员发球，因此本方可以选派接发球能力较强的运动员接发球。混合双打的比赛一般男运动员的实力高于女运动员，比赛开始时如果男运动员开始先发球，一般情况下应由男运动员接发球，这样既可以减少女运动员吃发球的现象，又可以利用接发球这一环节造成对方女运动员失误。但如果本方女运动员使用两面不同性能的球拍，可由本方女运动员首先接球，利用两面不同性能球拍接球，造成对方被动，从而利于本方进攻。

②以强对弱，以弱对强。

在男子双打比赛或女子双打比赛中，如果对方有一名运动员的进攻能力较强，本方可以用较弱的一名运动员接进攻能力较强运动员的发球，这样从表面上看本方较弱的运动员不利于防守对方较强的运动员，但本方实力较强的运动员控制球的能力较好，可以加强控制，从而降低对方运动员的进攻威力，或本方实力较强的运动员本身进攻能力强，可以抢先进攻，从而有效地抑制对方运动员的进攻。

③以适应、熟悉为条件。

在对方确定发球员后，本方派出对对方发球员球路较适应和熟悉的运动员接发球，以便更快地进入比赛状态，取得第一局比赛的胜利。

（2）中签时选择发球

虽然选择接发球比较有利，但当本方运动员对对方的情况一点都不了解时，本方可以选择先发球。选择先发球时，一般情况下应该由本方发球较好的运动员首先发球，这样可以保证在比赛中发球较好的运动员发球的次数相对较多。

2. 双打比赛中两名运动员之间的暗示

双打比赛时两名运动员必须在技术、战术等方面都较好地融为一体。因此比赛时应该以一名运动员为主，在每个回合比赛的开始时通过手势、暗语或其他特殊的方式让同伴了解下一步要采用的战术，以便于两名运动员能够保证步调一致，必要时亦可以两人低语，但一定要避开对方运动员，不能泄露天机。

二 双打手势

两名运动员通过赛前的磨合，确定手势的含义，以便在比赛中使用。例如，向下伸出拇指表示发下旋、侧下旋短球，向上伸出拇指表示发上旋、侧上旋或不转短球；向下伸出食指表示发下旋、侧下旋长球，向上伸出食指表示发上旋、侧上旋或不转长球；攥拳表示发中路短球；伸中指表示发急上或急下等。这样可以在发球前的瞬间由发球员或其同伴提前进行暗示，以便于两人一体地完成好发球抢攻的战术。

三 双打暗语

在不破坏比赛连续进行的前提下，两名运动员可以在比赛的回合之间通过两人之间的提示或简洁语言来交流战术、互相鼓励，以便能够在比赛中树立信心、提高默契程度，更好地完成比赛。

双打配对的两名运动员在长期的配合中，可以达到相当程度的默契，有时不需要语言、手势等也可以通过眼神、肢体语言等完成交流。例如，在连连得分时，同伴之间可以互相击掌表示鼓励，并达到展我威风、灭敌士气的目的；相反在本方处于低谷的时候，可以互相拍拍肩膀表示激励，以达到尽快摆脱困境的目的。

四 双打比赛的战术

双打比赛突出的是配合，两名运动员必须根据双方运动员的特点，制定合适的战略战术，以达到克敌制胜的目的。但是由于双打比赛的运动员数较单打比赛多，两名运动员之间必须按照一定的秩序轮流击球，且战术又必须符合两名运动员的特点，并便于他们发挥水平，因此战术较单打复杂。一般来讲双打比赛每一回合的板数较少，所以在比赛中要力争主动，先发制人。下面介绍几种主要的配对方法在对付不同类型打法的对手时所运用的主要战术。

1. 快攻类打法对快攻或弧圈球类打法的主要战术

（1）发球抢攻的战术运用：发球者以发侧上、下旋或转与不转的近网短球为主，配合发长球至对方左、右角度底线进行抢攻。抢攻者必须根据回球的落

点、长短、旋转进行抢攻，用力大小要善于根据回球加以调节，要求抢得快、落点活，如能向对方的角度空当发动攻势效果更好。

（2）接发球抢攻的战术运用：首先对发来的球要判断清楚，以挑打、侧拧或快拉去回击，要求出手快、落点活，配合突然的假动作，主要攻击对方的空当，以便为同伴创造进攻机会。当不能起板进攻时，可运用积极的控制技术，要求落点好、弧线低、具有突然性，使对手不容易抢攻，为同伴下一板进攻创造机会。

（3）从中路突破再变线的战术运用：如果对方是两名身材高大、右手横握球拍、技术水平较高、正反手均能拉弧圈球的运动员，那就要从中路突破。首先应在发球、接发球方面严格控制台内短球，伺机抢先突击，力争主动打至对方中路，使对方处于被动防守的局面后，突击变线，从而为扣杀创造更多的机会。

（4）相持球中的追身球战术运用：回合相持中盯着对方的身体中路进攻，使回击者必须迅速让位，造成其回球困难或被动，伺机进行扣杀。

2. 弧圈球类打法对快攻类打法的主要战术

（1）发球抢攻的战术运用：发球者以发下旋、侧下旋近网短球为主，配合急侧下旋球以牵扯对方的注意力，使对方在接近网短球上只能以搓球回接，充分发挥弧圈球的威力。这需要两名运动员在场上的默契配合，要求拉弧圈球运动员在旋转、落点等方面质量要高，为同伴创造更多连续冲或扣杀的机会。

（2）接发球抢攻的战术运用：如自己中台对攻的能力较强，可多用轻拉或晃撇的方法去接发球，主动与对手展开对攻；如自己的对攻能力较弱，则可多用搓短球去回接，然后再伺机拉弧圈球去争取主动。

（3）以不变应万变的战术运用：当对方技战术出现明显漏洞或在对方两名运动员中有一名实力明显较弱的情况下，有意识、有目的地把所有来球都控制回击到对方的某一区域或集中于某一人，能起到很好的效果。而对另一名技术水平较强的运动员，在控制落点、旋转等方面要极为谨慎，不给对方进攻的机会。

3. 以攻为主类打法对以削为主类打法的主要战术

（1）发球抢攻或接发球抢攻的战术运用：利用发球抢攻与接发球抢攻打乱对方的战术意图，在发球后或接发球时，看准旋转，充分利用弧圈球突击到对方的中间偏右处，再伺机扣杀或爆冲另一方的近身或两大角。接发球寻找机会突然起板，造成对方措手不及、判断失误，打乱对方战术部署，为全局的胜利制造优势。

（2）拉一点突击两大角的战术运用：先拉对方固定一点，当对方两名运动员移位不及时，进行突击和连续扣杀；或拉弧圈球至对方两名运动员不同的空当，迫使对方左右奔跑，出现机会再伺机扣杀。

（3）运用长短球找机会，伺机向站位近台的运动员进行突击；亦可吊短球给站位离台远的运动员，然后伺机扣杀；还可利用上旋强烈的弧圈球迫使对方两个人都后退进行防御，再突然放短球，伺机冲杀追身或两大角。另外，还可采用拉搓结合的打法，变化回球旋转与落点长短，伺机冲杀。

4. 弧圈球类打法对弧圈球类打法的主要战术

（1）发球抢攻的战术运用：一直一横运动员的配对，发球者多以中路近网侧上、下旋或转与不转球为主，适当配合有速度的中路长球，这种突击"中路"的特点主要是为了限制对方回大角度球，为同伴创造机会。现在的最新技术是，当应对对方轻拉、轻挑过来的球时，同伴利用快带或反撕技术至对方空当，突然加速使对方措手不及。

（2）接发球抢攻的战术运用：充分利用侧拧、挑打等技术，积极主动抢先上手打对方的空当，或者对方发球出台时，拉出加转弧圈球，为同伴创造下一板进攻机会。

（3）防守反攻的战术运用：此项战术要求具有良好的防御能力、手上感觉及灵活的步法。防守要求弧线长、落点刁、旋转强，同伴的预判也要及时、准确，为迅速反攻创造有利条件。

5. 以削为主类打法对以攻为主类打法的主要战术

（1）连续削对方一点，把对方两人调到同一位置上，然后伺机进攻对方空当；或采用交叉削球到对方不同的空当，使对手不断地向左、右移动，再伺机反攻对方空当或追身。

（2）当对方进攻能力比较强并具备很强的杀伤力时，应采用连续交叉逼对方两大角战术，不给对方从容扣杀的任何机会，使对方在大范围走动中回击来

球，伺机进行反击。要求削球弧线低、角度大、旋转强。

（3）发球抢攻战术的运用，以发近网转与不转短球为主，配合突然性急球扰乱对手，伺机进行反攻。

（4）运用突然性的接发球抢攻，从心理上给对方造成很大压力，同时也能给同伴创造机会，增强自己的信心和削球的主动性。但在运用接发球抢攻时，应提前向同伴示意做好准备，方能取得预期的效果。

6. 防守类打法对防守类打法的主要战术

（1）首先要在指导思想上改变过去常用的那种"死磨"战术，要树立抢攻意识；其次搓球要有长短、快慢及旋转的变化，这样才能为突击创造更多的机会，打乱对方的战术意图。抢攻要果断、线路要清楚。

（2）拉、搓结合战术的运用，以拉攻为主，配合搓球，使对手不断前后移动去接球，然后伺机进行突击。

（3）一方面可采用特长发球技术伺机进行抢攻；另一方面也可根据同伴的打法特点有选择地发球，以利于同伴进行抢攻。接发球时，可以伺机大胆地采用突然性接发球抢攻，以取得主动。

（4）当对方的攻击力强于本方时，在加强防守的同时，积极寻找机会进行反攻，从而削弱对方的攻势。实施此战术时应积极移动步法，同伴要做好连续进攻的准备。

五 双打的练习方法

一般来说，双打的技术和战术是建立在单打技术和战术的基础之上的，单打技术水平高，双打水平也会比较高，但这不是绝对的。由于双打比赛的特殊性，基本技术和战术的临场发挥更为复杂多变，因此双打的训练更为重要。一般来讲，要想在比赛中取得好的成绩就必须坚持常年系统的训练，对于主攻双打的运动员更应以双打训练为主。在训练中突出主动进攻意识，在抓好发球、发球抢攻、接发球抢攻的前提下，注重相持技术和战术的训练；坚持步法是取得双打成绩的基础，狠抓步法训练，确保在快速移动中有效地提高回球的质量，特别是注意提高快速移动中进攻机会球的能力；重大比赛应在赛前确定比赛的主要对手，并进行科学细致的调查研究，在此基础上进行针对性的训练，以确保比赛的胜利；开始练习或训练阶段可采用多球练习，以增大练习的密度和强度；赛前练习阶段或赛季可增加单球练习或多球单练，以便于两名运动员之间的技术能够更好地融为一体。双打的训练应着重抓好以下几点。

1. 常年坚持，保证训练时间

双打要求两人感情融洽、相互信任和技术上有默契。这不是一朝一夕能做到的，需要通过较长时间的训练去磨合。业余爱好者在双打比赛前一个月，要天天练，平常情况下每周练一次，一次练 1h 左右，实践中还可根据具体情况适当调整。比如，接近大赛前夕，训练次数和时间要再增加，俗话说"熟能生巧"，还可适当加大双打训练的时间比例。

2. 双打的实用性和针对性是最主要训练内容

双打要根据主要对手的特点和弱点进行训练，把两人的技战术融合在一起，无针对性地拼命练习，并不能达到预期的效果。实用技术靠平时一点一点地去积累；基本技战术可一对二练习，或用多球练习。

3. 抓好发、接、抢技战术

双打的发球限定在右半区范围内，对接球者来讲，难度有所降低，有利于多采用接发球抢攻，或通过接发球控制对方，以争取主动。接发球不应是单纯的防御，应从限制对方抢攻和便于本方主动进攻这两个方面去考虑。由于规则的限制降低了发球的威力，因此，作为发球方要想在双打比赛中有效地实施发球抢攻战术，就必须提高发球的质量，以增大对方接发球的难度。同时还要加强两名运动员之间对发球旋转、落点等因素的了解，以便于更有效地实施发球抢攻战术。双打比赛中发、接、抢和控制前 4 板球是重点，发球和抢攻使用率加起来占全局比分的 55%～65%。很明显，提高双打前 4 板球的质量，取胜便有了保证。下面介绍一些训练方法。

（1）发球抢攻段练习

① 用多球进行发球练习。落点要符合双打的发球规则（从右半台发到对方的右半台），重点强调发球的旋转，力求配套发球动作相似、旋转差异大。教练

员可以通过观察判断发球的质量，通常下旋短球在球台上弹跳的次数越多，球的旋转越强，且发球落点越短，球的质量较好，否则球的质量较差；侧旋球落台反弹后有明显的侧拐现象，说明球的质量较高，等等。有条件的可以用高速摄像机或测转仪进行分析。

② 当练习者的发球旋转达到一定标准后，可用多球进行规定落点的发球练习。要求运动员按照一定的次序将球发到规定的区域内。这些固定的区域，可以用显著的标记在球台上标出，也可以在区域内放上纸或布等能够改变球弹起弧线的较柔软的物品，以方便教练员观察和统计。但此处要说明的是，在进行落点练习时一定要强调旋转，要把旋转和落点结合起来，切不可顾此失彼，否则只能是事倍功半。

③ 用多球进行发球、接发球练习。此时教练员一定要根据运动员的实际情况，制定好练习的具体要求，并做好统计和记录。例如，发球的落点应在涂标记的区域内，对方运动员接发球抢攻的成功率不能高于40%，对方接发球失误或为本方制造较好的抢攻机会的比率应高于40%，等等。否则运动员特别是少年儿童运动员的训练积极性就会较低，盲目地进行重复练习，效果较差。

④ 用多球单练或单球进行发球抢攻的练习。对方可以是一名运动员或两名运动员，可以只进行前3板、前5板的练习，接发球的回球质量由低到高，练习的步骤一般为：接球的方法由简单到复杂、由接过去就行到以控制为主，最后再到能抢攻的就要抢攻，接球的落点由单一到多个、由定点到不定点，最后逐步达到实战的要求，使运动员在这种逐步增加难度的发球抢攻练习中相互了解，逐步融为一体。

⑤ 用比赛的方法提高发球轮次的得分能力。

正式比赛，发球或发球抢攻直接得分记2分。

比赛时全部由练习方发球，发球或发球抢攻得分记2分，否则不记分。

比赛时全部由练习方发球，每个回合必须在7板前结束，否则算失分。

（2）接抢段练习

由于双打比赛的特殊规定，双打比赛中接发球方照顾面相对较小，接发球的难度相对降低，因此应加强双打接发球环节的训练，并突出主动意识。

① 用多球进行重点旋转的接发球训练。练习时发球方应根据接发球方的具

体要求（包括旋转、落点、速度等）发球，接发球方按照教练员的要求，根据自己的打法特点和水平进行接发球训练，要注意的是教练员应做好接发球效果的统计，避免运动员盲目练习。

② 用多球进行主动进攻意识的训练。发球方根据自己和对方的实际情况发不同旋转、不同落点的球，20 个球一组，接发球方根据来球的实际情况接发球，尽量采用挑打、侧拧、晃撇、拉、冲等主动技术接发球。如果对方发球的质量很高，在接发球时，也应加强控制，抑制对方运动员的发球抢攻，并尽量为同伴创造抢攻的机会。练习时教练员应统计主动接发球成功的球数，并依据运动员的实际情况制定每组中此类接发球的比率，没有达标者重新练习。

③ 用多球单练或单球进行 2 板、4 板衔接的练习，此练习发球方可以是一名运动员也可以是两名运动员，可以只进行 2 板、4 板的练习，发球方的发球应遵循由易到难、由简单到复杂、由单一到多变的原则，循序渐进地帮助接发球方运动员逐步适应同伴的接发球方法，更好地达到两位一体，既能充分地发挥自身的竞技水平，又能够较好地为同伴创造机会，发挥同伴水平的目的。

④ 用比赛的方法提高接发球轮次的得分能力。

正式比赛，接发球直接得分记 2 分。

比赛时全部由陪练方发球，接发球抢攻得分记 2 分，否则不记分。

比赛时全部由陪练方发球，每个回合必须在 6 板前结束，否则算失分。

（3）相持段练习

① 固定落点的练习。对方有规律地将球回到练习方的固定落点上，例如，两点对一点、一点对两点、两点对两点等。此方法相对较容易，目的是提高练习方的步法移动能力、配对间的熟悉程度和配合能力，提高练习的密度、强度及回球质量。可依据练习方的技术水平对其提出具体的要求，例如，跑动到位，用70%左右的力量回球，固定回球落点，某一个回球的落点区域可由大到小，多球训练时可要求练习方必须击中对方球台上的乒乓球。

② 不固定落点的练习。教练员根据运动员的实际情况，固定旋转或从发球接发球开始，陪练方（一名运动员或两名运动员）无规律地把球回到练习方的球台上，以增大练习的难度，使练习更接近于实战，有效地培养配对之间的配合。同时也可以要求练习方将球回到陪练方的某一固定区域，以降低陪练方的工作难

度，增加球的板数，更好地提高练习方的相持能力。可以进行对攻战术、拉攻战术、搓攻战术、削攻战术的练习。

③ 实战练习。陪练方可以是一名运动员，也可以是两名运动员，一般来讲，一名运动员陪练比赛的难度较低，可以有效地提升陪练方的竞技实力，但两名运动员陪练，能更好地培养运动员的比赛意识，特别是落点变化意识。正式比赛，规定发球方发球的旋转以便使更多的回合进入相持阶段并按照双打比赛的规则进行。

（4）要练好几种主要步法

双打还必须重视步法的训练。不管是"八字"形步法（一左一右配对）还是"O"字形步法（两个右手配对），训练的共同点是：两人都要具备灵活的跑动位置，这是做好双打训练的基础。因为双打是在移动中击球，并且还要让位置给同伴还击，因此双打跑动范围比单打大。双打跑位除了向左、右、前、后、斜上、斜下作八字形和向右方做绕圈循环跑动外，对角度大的来球有时还要作一前一后的跑动，步法移动之间不能出现间歇和停顿。要打出有力量、有速度，有旋转、有节奏变化的高质量回球，没有灵活合理的步法是难以做到的。

8-3
双打的战术与
训练视频

第九章
乒乓球专项身体素质训练

本章旨在提高乒乓球学习者的身体素质。通过本章学习，学习者应了解五大身体素质特点；掌握身体素质一般练习方法和乒乓球专项身体素质练习方法；学会几种简单易行的、易于提高乒乓球专项能力的身体素质练习方法。

一直以来，多数人认为乒乓球运动就是围绕一张小球桌进行，移动范围有限，而且球体较小，所以对体能要求不高，只依靠技术和技巧赢得比赛。但近年来国际乒联实施的一系列改革措施，包括小球改大球、21 分制改 11 分制、无遮挡发球、有机胶水改无机胶水、赛璐珞球改塑料球以及正在谋划的球体继续加大、球网加高等，都对乒乓球运动员的体能提出了更高的要求。如果运动员的力量、旋转、速度以及耐力不足，就难以在高水平的对抗竞争中占据主动和优势，因此乒乓球运动员必须加强身体素质训练。近几年的国内外乒乓球专业比赛也反映出，各个国家和协会的运动员越来越重视专项身体素质训练，一些协会和运动员还专门聘请了体能教练和康复师帮助他们更好地提高乒乓球专项体能，进而提升技术水平。良好的身体素质是合理发挥技战术的基础，是保持竞技状态、胜任高强度比赛不可缺少的重要条件。

专项身体素质训练是指采用与专项训练密切相关的训练手段，有效地提高与专项运动成绩有直接关系的各种身体素质的训练。必须在全面身体训练的基础上，有效地进行专项身体训练，才能达到身体训练的目的。运动中的身体素质是人体为适应运动需要所具备的身体状况和体能水平，它是人体肌肉活动基本能力的表现。通常人们把身体素质分成五大类：力量素质、速度素质、灵敏素质、柔韧素质和耐力素质。根据运动项目的不同，重点素质也不一样，比如体操运动员对柔韧素质要求非常高，举重运动员对力量素质要求非常高，径赛则对速度和耐力有不同要求，球类运动则要求力量、速度和灵敏等身体素质。本章阐述乒乓球运动员的身体素质和训练方法。

第一节 | 乒乓球力量素质训练

力量素质是指人体肌肉工作时克服阻力的能力，它是身体素质的基础与核心，对其他素质的发展起积极的促进作用。力量有多种分类：按照肌肉收缩的特点，可以分为静力性力量和动力性力量；按照衡量力量大小的方法，可以分为绝对力量和相对力量；按照力量的表现形式，可以分为最大力量、速度力量和力量耐力。

一　乒乓球力量素质特点与概念

乒乓球技术动作主要依靠脚步移动和手臂挥动完成，因此乒乓球的击球力量属于动力性力量。运动中所用力量跟速度力量、相对力量和力量耐力有关，而绝对力量使用较少。因此其训练重点包括提高脚步起动和移动速度的下肢力量、提高挥拍速度的上肢力量以及维持身体重心稳定的核心力量训练。

核心力量训练是训练神经系统控制不稳定状态下的肌肉，和在各种技术动作不稳定状态下提高肌肉的控制能力。根据乒乓球技术的特点，核心训练集中在腰部肌肉力量和肩关节的稳定性和爆发力，运动员在运动的过程中，从蹬地到转腰再到击球，需要保持整个动作链条的协调和统一，核心区域不仅是传递力量的环节，而且是增加力量的重要环节，必须保证整个动作链条正确有序完成，同时还要保持身体的平衡，动作链条中任何部分出问题都会使身体失去重心导致动作结构变形和击球失误。

二　乒乓球力量素质训练的基本要求

1. 既要全面又要有重点，兼顾专项

根据乒乓球运动项目特点，在力量训练中，一方面要强化四肢、腰、背和臀等部位的大肌肉群和主要肌肉群的锻炼，同时还要注意小肌肉群的力量发展，例如颈部、手腕、手指。另外，在全面力量练习基础上，还需要根据专项特点进行专项性力量训练，保证基础力量和专项力量都能均衡发展。

2. 科学训练，循序渐进，根据个人情况选择针对性力量练习

在进行动力性力量练习时，必须遵循两个重要原则，即极限负荷和逐步加大阻力。在中等负荷情况下的动力性力量训练，可改善神经与肌肉的协调关系；在大负荷情况下的动力性力量训练，对提高神经系统的强度是有效的，因此能有效地增强绝对力量。快速力量练习有助于提高身体各部位肌肉的协调性。总之，每种力量训练方法都有一定的好处（表9-1），如何选择，要取决于训练目的以及专项运动的实际需要。

表 9-1　不同力量练习的功效

练习重复次数	1~3 次	4~6 次	9~12 次	13 次以上
极限力量百分比	85%以上	60%~85%	40%~60%	40%
主要作用	发展肌肉协调性和绝对力量	促进肌肉功能性肥大	发展速度性力量	发展小负荷力量耐力

3. 力量练习需要全神贯注、念动一致、注意安全

肌肉活动是在神经系统控制下进行的，练习过程中意念要集中，练到哪里，想到哪里，这样更有利于力量发展，同时，意念集中还可预防运动损伤。

4. 力量练习要掌握正确的呼吸方法

（1）刚开始训练者，所安排的极限练习次数不要太多，让其学会在练习过程中完成呼吸。

（2）力量练习前，不宜做深呼吸。

（3）可采用慢呼气来协助最大力量练习。

5. 合理安排训练时间

为防止受伤，在进行最大力量练习前，可适当安排几组小力量的练习，以不引起机体疲劳为原则。最大力量练习安排在课堂前三分之一和结束时各一次，两组间隔时间为 10~15min；中高强度力量练习，练习间隔应为 2~3min。

三　乒乓球力量素质训练的具体方法

乒乓球力量主要涉及上肢、下肢和腰腹力量，因此下面简要列出几种常用上肢、下肢和腰腹力量的一般训练和专项训练手段。

1. 上肢力量练习

（1）一般力量练习

①哑铃动作：哑铃推举、前平举、侧平举、扩胸、屈伸。

②徒手动作：俯卧撑、指卧撑。

③杠铃动作：颈后推举、直臂上举、斜上推举。

（2）专项力量练习

① 持铁拍进行各种挥拍动作练习。

② 持哑铃进行各种挥拍动作练习。

③ 连续快速挥拍动作练习。

④ 拉橡皮筋做上摆、下摆或相应挥拍击球动作。

2. 下肢力量练习

（1）一般力量练习

① 徒手练习：原地蹲起、蛙跳等。

② 杠铃练习：肩负杠铃蹲起、肩负杠铃做弓箭步、肩负杠铃左右跨跳、肩负杠铃提踵。

（2）专项力量练习

① 负重半蹲侧滑步练习。

② 负重交叉步移动练习。

③ 小腿绑沙袋各种步法练习。

3. 腰腹力量练习

（1）一般力量练习：仰卧起坐、仰卧举腿、仰卧两头起、仰卧转体。

（2）专项力量练习：借助平衡球等器械进行卷腹、举腿练习。

4. 具体练习演示

（1）训练科目：拱桥训练（图 9-1）

① 臀部持续紧张。

② 勾住脚尖，脚跟着地。

③ 躯干与大腿在同一直线。

④ 保持此动作一段时间，男生20～30s，女生以 15～20s 为宜，每次做 3 组，中间休息 2～3min 再做下一组。一周 3～4 次。初学者切忌操之过急，要循序渐进、慢慢增加时间。

图 9-1　拱桥训练

（2）训练科目：俯卧仰身（图 9-2）

训练部位：竖脊肌。

① 俯卧在干净的地面上，胸部及胸部以上保持悬空，双脚面尽量贴地，保持腿部固定。

② 将双手放在身体两侧，再将躯干上部抬起至离地面 25 ~ 30cm，再慢慢恢复至初始位置。

图 9-2　俯卧仰身

5. 稳定条件下的核心力量训练

这类训练方法是核心力量训练的基础，有静力性训练和动力性训练。静力性训练也称为等长收缩训练，是指身体固定，肌肉长度不变，改变张力克服阻力的训练方法。根据力量训练原则，每个动作的练习时间为 20 ~ 60s。间歇和练习的时间控制在 2 : 1 左右。采用无器械单人练习，如平板支撑、半蹲（负重）、仰卧 "V" 字形、四点支撑等。动力性训练与静力性训练的不同在于肌肉的收缩方式不同，前者肌肉有明显的收缩。遵循力量训练的原则，如仰卧起坐、卷腹、仰卧拱桥、背飞等。

（1）练习科目：仰卧起坐

训练部位：腰部、腹部。

训练方法：仰卧，两腿并拢，两手上举，利用腹肌收缩，两臂向前摆动，迅速成坐姿，上体继续前屈，两手触脚面，低头，然后还原成坐姿。

（2）练习科目：卷腹（图 9-3）

训练部位：腹横肌、肋间肌、腹斜肌。

图 9-3　卷腹

　　训练方法：屈膝，双手抱头，卷腹，让肘部靠近大腿，做到力竭，注意过程中保持脚面不要离地。

四　总结

　　力量训练可以提高力量、身体转向能力和位移速度，改善运动的稳定性，预防运动损伤，并能使释放和转移力量的强度增加，但应遵循循序渐进的原则，先进行核心稳定训练，然后再进行核心爆发力的训练。乒乓球运动的力量训练应将大肌肉群训练与小肌肉群训练相结合，同时加强核心力量训练，才能提高乒乓球的击球质量。

第二节 | 乒乓球速度素质训练

　　速度素质是人体快速运动的能力或在最短时间内完成某项运动的能力。按其在运动中的表现可分为反应速度、动作速度和位移速度（移动速度）三种形式。反应速度指的是人体对各种刺激信号的快速应答能力。动作速度是人体或人体某一部位快速完成动作的能力。移动速度则是人体在特定方向上位移的速度，通常以单位时间躯体移动的距离为评定指标。对乒乓球而言，其专项速度是指非周期性的单个动作速度，如击球的挥臂速度及为了取得适宜位置迎击来球的步法移动

速度，这些速度与短跑的速度有着明显的区别。因此通常认为乒乓球的专项速度包括反应速度、步法移动速度和挥拍击球速度。实践表明，力量和速度之间存在转移规律，力量素质对速度素质的提高起着至关重要的作用，速度的提高离不开力量的提高。

一 乒乓球速度素质训练的目的

速度在乒乓球运动项目中体现得很明显，包含击球时的摆臂速度、变换位置时身体的移动速度以及回击球的大脑支配神经系统的反应速度等。运动员要想在比赛中占据优势或主动权，仅仅依靠技术、心理和战术是很难做到的。没有速度素质做基础，再好的技战术也很难发挥出来。比赛时，无论是技术发挥，还是战术应用，每一个环节都与速度素质密切相关。因此，这就需要在平时的训练课中坚持以速度为核心的身体素质练习，只有依靠良好的专项身体素质做支撑，抓住在比赛中的每个机会，才能做到以速度制胜。

二 乒乓球速度素质训练的基本要求

1. 抓住速度素质发展的敏感期

青少年时期，大脑皮质神经过程的灵活性较高，可塑性大，有利于发展速度素质。

2. 合理安排训练时机

速度素质的训练，应安排在身体训练课的前半部分，不要在身体已经疲劳的时候安排速度素质的训练。因为，在疲劳的情况下，力量、反应时间、运动速度和爆发力等会丧失协调性，勉强训练，常常劳而无效，甚至还会产生副作用。

3. 训练要循序渐进

速度素质的训练，要逐步增加负荷量和强度。练习中，组与组之间休息间隔应当充分，让身体充分休息后再进行下一组练习。

4. 速度训练应与力量、灵敏和协调素质相结合

速度练习通常不是单一的素质练习，应与力量素质、灵敏素质和协调性等融

合在一起，但需要注意每种素质练习的比例和以哪种素质练习为主。

三 乒乓球速度素质训练的具体方法

由于乒乓球项目的速度素质训练需要反应、动作、移动三个方面的综合能力，而这三个方面既有联系，又有区别，所以速度能力提高的途径也有多方面的特点。

1. 反应速度的练习方法

（1）听信号做急跑、急停或跨步、侧身步和交叉步训练。

（2）在多球练习中，根据不同方向来球做出步法移动和击球动作。

（3）两个人同时发球，打两个来球的击球回合练习。

2. 动作速度的练习方法

（1）加强上肢力量练习，以力量带动速度。

（2）在限定时间内要求运动员完成规定挥拍动作。

（3）采用辅助器械如音乐节拍强化动作频率来提高动作速度。

3. 移动速度的练习方法

（1）绕球台侧滑步。

（2）以球台两端之间为移动距离，球台两端各摆放一个塑料盆，一个为空盆，另一个盆内放置一定数量的乒乓球，进行计时移步换球练习。

（3）多球练习，结合打法和步法，采用多球提高步法移动。

第三节 | 乒乓球灵敏素质训练

灵敏素质是人体迅速改变体位、转换动作和随机应变的能力。它是多种运动技能和身体素质在运动中的综合表现，是一种较为复杂的运动素质。灵敏素质具有典型的项目特点，比如体操运动员的灵敏性表现在对身体姿势的良好控制和转

换动作的能力，乒乓球运动员的灵敏性则表现在对外界环境变化而准确作出反应的能力。

一　乒乓球灵敏素质概念

乒乓球运动员所需要的灵敏素质，是指临场比赛时随机应变的能力，即快速反应能力。从生理学的观点来看，它是条件反射活动的一种形式，其表现是完成困难动作时的协调性，即能从某一种反应快速转变为另一种反应，并能建立新的暂时性的神经联系，是大脑皮质神经过程高度可塑性的表现。在实际比赛中，球在空中运行的时间是 0.3～0.5s，在这一瞬间，运动员要迅速判断来球的速度、落点以及旋转性质，并根据对手的站位迅速决定对策，这就需要具有良好的随机应变的能力。

二　乒乓球灵敏素质训练的基本要求

1. 合理安排训练时机和强度

灵敏素质训练主要是提高大脑皮质神经过程的灵活性和兴奋性，所以灵敏素质练习跟速度素质一样，宜安排在课堂前半部分，每次练习时间不要过长，以20～30s 为限，组数不宜过多，每组练习之间适当休息。

2. 灵敏训练应与力量、速度和协调素质相结合

灵敏素质作为一种综合素质的体现，与力量、速度和协调性有重要联系，因此灵敏性练习应结合所练项目的特点来设计实际训练的内容。

三　乒乓球灵敏素质训练的方法

（1）采用软梯练习，通过软梯进行直线方向、水平方向、直线结合水平方向的跑、跳等练习。

（2）训练中采用多球练习，通过变速和不同位置发球，提高技术动作的灵敏性。

第四节 | 乒乓球柔韧素质训练

柔韧性是指用力做动作时扩大幅度的能力。柔韧性的好坏对动作具有重要意义。柔韧性越好，动作就越舒展和协调，同时还能减少运动损伤，因此越来越受到重视。乒乓球运动对肩、髋和腕关节的柔韧性要求较高，因此在训练中需要重视这几个关节的柔韧性训练。

一 乒乓球柔韧素质训练的目的

发展柔韧素质的目的是为了提高各关节的肌肉、肌腱、韧带等软组织的伸展性。其伸展能力的提高主要是由于"力"的拉伸作用的结果。柔韧素质的练习方法主要有两种，即主动或被动形式的静力拉伸法和主动或被动形式的动力拉伸法。这两种练习方法的特点，都是在"力"的拉伸作用下，有节奏地逐渐加大动作幅度或多次重复同一动作，使软组织逐渐地或持续地受到被拉长的刺激。

二 乒乓球柔韧素质训练的具体方法

1. 热身

在柔韧素质训练之前需要先热身，例如，利用小跑使体温增加，使肌肉与肌腱处在备战的状态，这样再进行柔韧训练的成效会提高，也可以减小因不当拉伸、拉筋而受伤的概率。

2. 拉韧带

在拉韧带时要注意与呼吸的配合，不要暂停呼吸，应保持缓慢及深深的呼吸，暂停呼吸和屏气凝神都会使负氧债增加，动作不协调，增加了拉筋受伤的机会。

3. 拉韧带的注意事项

拉韧带的动作要缓慢而温和，千万不可猛压或急压。拉韧带的目的是利用肌肉肌腱的弹性及延伸，刺激肌肉神经及肌腱感受小体的神经信息，而逐渐地增加伸展的潜力及忍受力。无论是律动式或固定式（连续 30s 以上），只要是缓和

的，都有成效。最忌讳平常练习不到位，为求速成而猛烈地急压，或别人施加外力帮忙。如若用力不当，反而会造成伤害。

4. 柔韧训练项目

压肩练习、正/侧压腿、后下屈体、侧屈体、踝屈伸、腕屈伸。

第五节 | 乒乓球耐力素质训练

耐力是人体长时间进行肌肉工作的运动能力，也称为抗疲劳能力。其按运动时的外部表现，可分为速度耐力、力量耐力和静力耐力等；按照该项工作所涉及的主要器官，可分为呼吸循环系统耐力、肌肉耐力和全身耐力；按照供能系统需求，可分为有氧耐力和无氧耐力；按照专项关系，可分为一般耐力和专项耐力。

一 乒乓球耐力素质特点

乒乓球是一项以有氧供能为主的运动项目，但是磷酸原系统在单次击球时起着主要作用（无氧运动），所以乒乓球运动同时需要具备有氧耐力素质和专项耐力素质。

二 乒乓球耐力素质训练的基本要求

1. 尽量采用集体练习，手段多样化，控制好负荷

耐力训练枯燥，而且容易疲劳，因此训练中尽量采用集体练习，有同伴约束，会提高耐力训练效果。在耐力练习过程中，需要重视呼吸问题，在练习中有意识地调节、控制呼吸的节奏，调节呼吸的深度和改变呼吸的方式，能使机体保持良好的运动状态。最后，耐力素质训练是一个长期过程，需要持之以恒。

2. 要注意性别、年龄的区别

成年男子与成年女子比较，在缓和的练习中，耐力只有微小的差别，但在剧

烈的活动中，女子的耐力则明显低于男子。在青春发育期开始之前，女孩的耐力几乎和男孩相等。儿童的每搏输出量比成人少，这些对耐力的限制因素要到青年时期才逐渐消失。所以，对他们的耐力训练，不应要求过急。

三 乒乓球耐力素质训练的具体方法

1. 定时跑

10～15min 定时跑：在场地上、校园内或树林中，强度为 55%～65%。

2. 变速赶超

6～8 次变速赶超：在场地上排成两路纵队慢跑，听口令排尾突然加速跑至排头，所有人依次跟进做加速跑，强度 55%～65%或加速跑中可进行变向"S"形跑。

3. 爬坡跑

5 次爬坡跑：在倾斜 15°～20°的山坡进行上坡跑，重复 5 次，距离 100～200m，间歇 3～5min，强度 60%～70%。一般耐力训练不要求跑速，用心率指标控制，维持 120～140 次/min，如加大强度，心率指标要求达到 140～160 次/min。

4. 变速跑

5 分变速跑：在场地内以 50m 分段做变速跑，如 50m 快、50m 慢，或 50m 慢、100m 快，强度 60%～65%。

5. 跳绳

根据能力水平选择单摇、双摇跳绳，计时 3min 并计数。

6. 多球训练

3min 推侧扑的步法训练或 2min 全台不定点训练。

第十章
乒乓球竞赛与裁判法

随着乒乓球正式成为世界性的专业比赛运动，乒乓球竞赛规则与裁判法应运而生，乒乓球竞赛规则对包括球台、球拍、发球、击球、回击球等基本设施和技术动作都加以明确规定，为乒乓球竞赛创造更公平、更合理的竞争环境，使乒乓球运动更趋于专业化、系统化、现代化；乒乓球裁判作为正式乒乓球竞赛中管理比赛的人，承担着保证比赛公平和流畅的基本任务，对于乒乓球竞赛具有至关重要的作用。

第一节 | 乒乓球竞赛基本规则

1. 球台（图 10-1）

（1）球台的上层表面叫作比赛台面，应为与水平面平行的长方形，长 274cm，宽 152.5cm，离地面高 76cm。

（2）比赛台面不包括球台台面的垂直侧面。

（3）比赛台面可用任何材料制成，应具有一致的弹性，即当标准球从离台面 30cm 高处落至台面时，弹起高度应约为 23cm。

（4）比赛台面应呈均匀的暗色，无光泽。沿每个 274cm 的比赛台面边缘，各有一条 2cm 宽的白色边线，沿每个 152.5cm 的比赛台面边缘各有一条 2cm 宽的白色端线。

（5）比赛台面由一个与端线平行的垂直的球网划分为两个相等的台区，各台区的整个面积应是一个整体。

（6）双打时，各台区应由一条 3cm 宽的白色中线，划分为两个相等的"半区"。中线与边线平行，并应视为右半区的一部分。

图 10-1　乒乓球台

2. 球网装置（图 10-2）

（1）球网装置包括球网、悬网绳、网柱及将它们固定在球台上的夹钳部分。

（2）球网应悬挂在一根绳子上，绳子两端系在高 15.25cm 的直立网柱上，网柱外缘的距离为 15.25cm。

（3）整个球网的顶端距离比赛台面 15.25cm。

（4）整个球网的底边应尽量贴近比赛台面，其两端应整体与网柱完全相连。

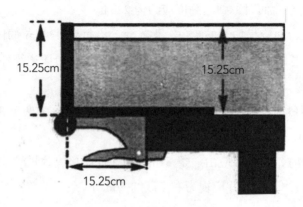

图 10-2　乒乓球网装置及高度

3. 乒乓球（图 10-3）

（1）乒乓球为圆球状，2000 年悉尼奥运会之前（包括悉尼奥运会），国际比赛用球的直径为 38mm。

（2）2000 年 10 月 1 日起根据国际乒联的要求，乒乓球更改为直径为 40mm、质量为 2.7g 的"大球"，球体应用赛璐珞或类似的塑料制成，呈白色或橙黄色，且无光泽。

（3）后来国际乒联再次通过决议，自 2014 年 7 月 1 日起，包括国际乒联公开赛及总决赛在内的重大国际比赛都要使用新塑料（ABS 树脂）乒乓球。同时国际乒联还给出了两年的过渡期，到 2016 年 6 月底前，赛璐珞球和新塑料球可以同时在市场上合法销售，新球的直径标准由原来的 39.50～40.50mm 上调到 40.00～40.60mm，从此乒乓球便迎来了 40mm 以上的塑料球时代。

图 10-3　乒乓球

4. 球拍

（1）球拍的大小、形状和重量不限，但底板应平整、坚硬。

（2）底板厚度至少应有 85% 的天然木料；加强底板的黏合层可用诸如碳纤维、玻璃纤维或可压缩纸等纤维材料，每层黏合层不超过底板总厚度的 7.5% 或 0.35mm。

（3）用来接球的拍面应用一层颗粒向外的普通颗粒胶覆盖，连同黏合剂，厚度不超过 2mm；或用颗粒向内的或向外的海绵胶覆盖，连同黏合剂，厚度不超过 4mm。

①　"普通颗粒胶"是一层无泡沫的天然橡胶或合成橡胶，其颗粒必须以每平方厘米不少于 10 颗、不多于 30 颗的平均密度分布于整个表面。

②　"海绵胶"即在一层泡沫橡胶上覆盖一层普通颗粒胶，普通颗粒胶的厚度不超过 2mm。

（4）覆盖物应覆盖整个拍面，但不得超过其边缘。靠近拍柄部分以及手指执握部分既可用任何材料覆盖，也可不予以覆盖。

（5）底板、底板中的任何夹层以及用来击球一面的任何覆盖物及黏合层均应为厚度均匀的一个整体。

（6）球拍两面不论是否有覆盖物，必须无光泽，且一面为鲜红色，另一面为黑色（图 10-4）。

（7）球拍的覆盖物不得经过任何物理的、化学的或其他处理。

由于意外的损坏、磨损或褪色，造成拍面的整体性和颜色上的一致性出现轻

微的差异，只要未明显改变拍面的性能，可以允许使用。

（8）比赛开始前及比赛过程中运动员需要更换球拍时，必须向对方和裁判员展示他将要使用的球拍，并允许他们检查。

红色　　　　　　黑色

图 10-4　常见乒乓球拍胶皮颜色

　　乒乓球球拍一直以来都是中规中矩，胶皮颜色基本都是红色和黑色两种。国际乒联近年来一直都在致力于各项改革，其中就包括球拍外观的改革，希望能够让乒乓球这项运动变得更加多元化。在 2020 年年底的国际乒联执委会上，"多彩球拍"的提案获得通过，从 2021 年 10 月开始，参加乒乓球比赛的选手除了传统的红色和黑色胶皮之外，可以选择使用绿色、蓝色、紫色以及粉色来"装饰"球拍。休斯敦世乒赛恰好是该提案生效后的首次世界比赛，已经有部分球员开始尝试使用"多彩球拍"。在男单首轮比赛中，非洲选手阿鲁纳率先使用了绿色胶皮参赛，他手中的球拍也成为大家关注的焦点。此外，罗马尼亚名将斯佐科斯在 2019 年 T2 钻石赛曾被允许使用个性十足的"粉色胶皮"。

第二节 | 乒乓球比赛相关专业术语

一 乒乓球比赛中的基本定义

（1）回合：球处于比赛状态的一段时间。

（2）球处于比赛状态：从发球时球被有意向上抛起前静止在不执拍手掌上的一瞬间，到该回合被判得分或重发球。

（3）重发球：不予判分的回合。

（4）一分：判分的回合。

（5）执拍手：正握着球拍的手。

（6）不执拍手：未握着球拍的手。

（7）击球：用握在手中的球拍或执拍手手腕以下部分触及处于比赛状态的球。

（8）阻挡：当球处于比赛状态时，对方击球后，在比赛台面上方或向比赛台面方向运动的球，尚未触及本方台区，即触及本方运动员或其穿戴（带）的任何物品，即为阻挡。

（9）发球员：在一个回合中，首先击球的运动员。

（10）接发球员：在一个回合中，第二个击球的运动员。

（11）裁判员：被指定管理一场比赛的人。

（12）副裁判员：被指定在某些方面协助裁判员工作的人。

（13）运动员穿或戴的物品：指运动员在一个回合开始时穿或戴的任何物品，但不包括比赛用球。

（14）球台的"端线"：包括球台端线以及端线的无限延长线。

二 发球

（1）发球时，球应放在不执拍手的手掌上，手掌张开和伸平，保持静止。

（2）发球时，球应在发球方的端线之后、比赛台面的水平面之上。

（3）发球时，发球员需用手将球几乎垂直地向上抛起，不得使球旋转，且在离开不执拍手的手掌之后上升不少于16cm。

（4）当球从抛起的最高点下降时，发球员方可击球，球下降到被击出前不能触碰任何物体，击球时需使球首先触及本方台区，然后越过或绕过球网装置，再触及接发球员的台区。在双打中，球应先后触及发球员和接发球员的右半区。

（5）从抛球前静止的最后一瞬间到击球时，球和球拍应始终保持在比赛台面的水平面之上。

（6）击球时，球应在发球方的端线之后，但不能超过发球员身体（手臂、头或腿除外）离端线最远的部位。

（7）运动员发球时，有责任让裁判员或副裁判员看清他（她）是否按照合法发球的规定发球，且裁判员或副裁判员均可判定发球不合法。

（8）如果裁判员怀疑发球员某个发球动作的正确性，可以警告发球员而不予判分；如果运动员发球动作的正确性再次受到怀疑，将被判发球违例而判失1分。

（9）运动员因身体伤病而不能严格遵守合法发球的某些规定时，可由裁判员做出决定免于执行。

三　还击

对方发球或还击后，本方运动员必须击球，使球直接触及对方台区，或触及球网装置后，再触及对方台区。

四　比赛中的击球次序

（1）在单打中，首先由发球员发球，再由接发球员还击，然后发球员和接发球员交替还击。

（2）在双打中，除下述条款（3）的情况之外，首先由发球员发球，再由接发球员还击，然后由发球员的同伴还击，再由接发球员的同伴还击，此后，运动员按此次序轮流还击。

（3）在双打中，当配对中至少有一名运动员由于身体残疾而坐轮椅时，发球员应先发球，接发球员应还击，此后该配对的任何一名运动员均可还击。然而，该配对中，运动员轮椅及站立运动员脚部的任何部分不能超越球台中线的假定延长线。如果超越，裁判员将判对方得1分。

五　重发球

（1）如果发球员发出的球触及球网装置后成为合法发球或被接发球员或其同伴阻挡。

（2）如果接发球员或接发球方未准备好时，球已发出，而且接发球员或接发球方没有企图击球。

（3）由于发生了运动员无法控制的干扰，而使运动员未能成功发球、还击或遵守规则。

（4）裁判员或副裁判员宣布暂停比赛。

（5）由于身体残疾而坐轮椅的运动员在接发球时，发球员进行合法发球之后，出现下列情况：

① 球在触及接发球方的台区后，朝着球网方向运行；

② 球停在接发球员的台区上；

③ 在单打中，球在触及接发球员的台区后，从其任意一条边线离开球台。

六　暂停比赛

（1）由于要纠正发球、接发球次序或方位错误。

（2）由于要实行轮换发球法。

（3）由于警告、处罚运动员或指导者。

（4）由于比赛环境受到干扰，以致该回合结果有可能受到影响。

七　得1分

除被判重发球的回合，下列情况运动员得 1 分。

（1）对方运动员未能正确发球。

（2）对方运动员未能正确还击。

（3）运动员在发球或还击后，对方运动员在击球前，球触及了除球网装置以外的任何东西。

（4）对方击球后，球没有触及本方台区而越过本方台区或端线。

（5）对方击球后，球穿过球网，或从球网和网柱之间、球网和比赛台面之间通过。

（6）对方阻挡。

（7）对方故意连续两次击球。

（8）对方用不符合上述（3）～（5）条款的拍面击球。

（9）对方运动员或其穿或戴（带）的任何东西使比赛台面移动。

（10）对方运动员或其穿或戴（带）的任何东西触及球网装置。

（11）对方运动员不执拍手触及比赛台面。

（12）双打时，对方运动员击球次序错误。

（13）执行轮换发球法时，如果接发球方进行了 13 次合法还击，则判接发球方得 1 分。

（14）如果双方运动员或双打配对由于身体残疾而坐轮椅：

① 对方击球时，其大腿后部未能和轮椅或坐垫保持最低限度的接触；

② 对方击球前，其任意一只手触及比赛球台；

③ 在比赛状态中对方的脚垫或脚触及地面。

（15）比赛中的击球次序出现在双打中，当配对中至少有一名运动员由于身体残疾而坐轮椅时，运动员轮椅及站立运动员脚部的任何部分不能超越球台中线的假定延长线，如果超越，将判对方得 1 分。

八　一局比赛与一场比赛

（1）在一局比赛中，先得 11 分的一方为胜方，但在比赛进行到 10∶10 平后，先多得 2 分的一方为胜方。即两名参赛者比分达到 10 分后，一方需领先 2 分才能够获得胜利。在此情况下，即使一方获得 11 分或领先对方 1 分也不能获得胜利，如 10∶11、11∶12 等比分都需要继续进行比赛。

（2）一场比赛应采用三局两胜制或五局三胜制或七局四胜制。

（3）一场比赛应连续进行，但在局与局之间，任何一名运动员都有权要求不超过 1min 的休息时间。

九　发球、接发球和方位的次序

（1）选择发球、接发球和方位的权力应由抽签来决定。中签者可以选择先发球或先接发球，或选择先在某一方位。

（2）当一方运动员选择了先发球或先接发球，或选择了先在某一方位后，另一方运动员必须有另一种选择。

（3）在获得每 2 分之后，接发球方即为发球方，依此类推，直至该局比赛结束，或者直至双方比分都达到 10 分或实行轮换发球法，这时，发球和接发球次序仍然不变，但每人只轮发 1 分球。

（4）在双打的第一局比赛，先由有发球权的一方确定第一发球员，再由接发球方确定第一接发球员；以后的每局比赛，由先发球的一方确定第一发球员，第一接发球员则是前一局发球给他（她）的运动员。

（5）在双打中，每次换发球时，前面的接发球员应成为发球员，前面的发球员的同伴应成为接发球员。

（6）一局中首先发球的一方，在该场下一局应首先接发球。在双打决胜局中，当一方先得 5 分时，接发球方应交换接发球次序。

（7）一局中，在某一方位比赛的一方，在该场下一局应换到另一方位。在决胜局中，一方先得 5 分时，双方应交换方位。

十　发球、接发球次序和方位的错误

（1）裁判员一旦发现发球、接发球次序错误，应立即宣布暂停比赛，并按该场比赛开始时确立的次序，按场上比分由应该发球或接发球的运动员发球或接发球；在双打中，则按发现错误时那一局中首先有发球权的一方所确立的次序进行纠正，继续比赛。

（2）裁判员一旦发现运动员应交换方位而未交换时，应立即宣布暂停比赛，并按该场比赛开始时确立的次序，按场上比分运动员应站的正确方位进行纠正，再继续比赛。

（3）在任何情况下，发现错误之前的所有得分均有效。

十一　轮换发球法

（1）除下述（2）条款的情况之外，一局比赛进行到 10min 或在任何时间应双方运动员或配对的要求，应实行轮换发球法。

（2）如果一局比赛比分已达到至少 18 分，将不实行轮换发球法。

（3）当时限到且需实行轮换发球法时，球处于比赛状态，裁判员应立即宣布暂停比赛，由被暂停回合的发球员发球，继续比赛；如果实行轮换发球法，球未处于比赛状态，应由前一回合的接发球员发球，继续比赛。

（4）此后，每位运动员应轮发 1 分球，直到该局结束。如果接发球方进行了 13 次合法还击，则判接发球方得 1 分。

（5）实行轮换发球法不能更改该场比赛中已确定的发球与接发球次序。

（6）轮换发球法一经实行，将一直执行到该场比赛结束。

第三节 | 循环赛与淘汰赛

一 循环赛（表 10-1）

1. 定义

循环赛是指同组的参赛队（人）之间相互比赛一次的比赛方式，循环赛分为单循环赛和双循环赛，多采用单循环赛制。

2. 循环赛的优点

（1）比赛机会多，可充分学习和交流。

（2）比赛结果偶然性小。

（3）比赛名次相对合理。

3. 循环赛的缺点

（1）比赛场地要求多，比赛时间长。

（2）名次产生有时要靠计算小分。

（3）容易出现打假球的现象。

表10-1 乒乓球比赛循环赛计分表

A组	1	2	3	4	5	积分	计算	名次
1								
2								
3								
4								
5								

二 淘汰赛（表 10-2）

1. 定义

淘汰赛过程中，运动员按照预先排好的次序进行比赛，胜者进入下一轮，负者淘汰出局，最后一场比赛的胜者是冠军，负者为亚军。

2. 淘汰赛的优点

（1）对抗性强，只有胜者才有机会继续比赛。

（2）可接受较多的队伍和人数，需要场地少，时间短。

（3）比赛逐步走向高潮。

3. 淘汰赛的抽签

（1）轮空和预选赛

淘汰赛第一轮的位置数应为 2 的幂，如果位置数多于已接纳的报名人数，第一轮应设置足够的轮空位置以补足所需位置数目。如果位置数少于已接纳的报名人数，应举行预选赛，使预选赛出线人数和免予参加预选赛的人数的总和等于所需的位置数。通过预选赛的选手应视情况尽可能均匀地抽入相应的上下半区、各 1/4 区、1/8 区或 1/16 区。轮空位置应按照种子排列先后次序安排，在第一轮中尽可能均匀分布。

（2）按排名排列种子

排名在前的选手应被列为种子，排列种子应以国际乒联最新公布的排名表为准，以使他们在比赛进行到较后轮次时相遇。每一场比赛种子数不得超过该项比赛第一轮的选手数。第一号种子应安排在上半区的顶部，第二号种子应安排在下半区的底部，其余种子应通过抽签进入规定的位置，具体如下：

第三、第四号种子应抽入上半区的底部和下半区的顶部；

第五～八号种子应抽入单数 1/4 区的底部和双数 1/4 区的顶部；

第九～十六号种子应抽入单数 1/8 区的底部和双数 1/8 区的顶部；

第十七～三十二号种子应抽入单数 1/16 区的底部和双数 1/16 区的顶部。

在团体淘汰赛中，每一协会中排名最前的队才有资格按排名被列为种子。

（3）排列种子的特殊情况

如果符合种子条件的报名选手（队）均来自同一洲联合会下属的协会，该联合会最新公布的排名表应优先考虑。如果符合种子条件的报名选手均来自同一协会，该协会最新公布的排名表应优先考虑。

（4）按协会提名排种子

来自同一协会的报名选手应尽可能合理分开，使他们在比赛进行较后轮次时相遇。各协会应按技术水平由强至弱排列其报名运动员和双打配对的顺序，并应与种子排名表的顺序一致。排列为第一号和第二号的选手应被抽入不同的半区，第三号和第四号选手应被抽入没有本协会第一号、第二号选手所在的另外两个 1/4 区；排名第五号～第八号的选手，应尽可能均匀地抽入没有前四号选手的 1/8 区；排名第九号～第十六号的选手应尽可能均匀地抽入没有前八号选手的 1/16 区，以此类推，直到所有报名选手都进入适当位置为止。

由不同协会的选手组成的男子双打或女子双打配对，应被视为属于在世界排名表上排名较前选手的协会；如果两名选手在世界排名表中无名，则应被视为属于在相应的洲联合会排名表排名较前选手的协会；如果两名选手均不在上述排名表内，则应被视为属于在世界团体赛排名表中排名较前的协会。

由不同协会的选手组成的混合双打配对，应被视为属于男选手的协会。

（5）变更抽签

只有竞赛管理委员会授权，才能对已经结束的抽签进行更改，情况许可时，还需征得各与之直接有关协会代表的同意。

只有在纠正因通知和接受报名方面产生的错误和误解，纠正严重不平衡或按"增补"规则所述，加入补报的运动员时，才可对抽签进行更改。

表10-2　乒乓球比赛淘汰赛示意

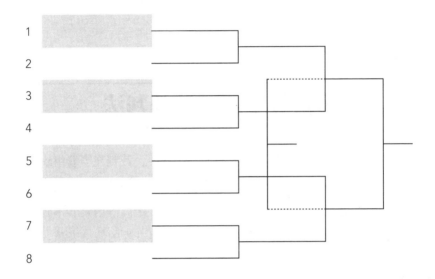

一个项目比赛开始后，除必要的删减外，抽签结果不可作任何更改，但预选赛可视作一个单独项目，不在此列。

除其已被取消比赛资格的情况外，任何情况下，未得到有关运动员的许可，不可将其从抽签中除掉；如果运动员在场，该许可应由运动员本人提出，如果运动员缺席，可由其授权的代表提出。

如果两名双打运动员均已到场，除其中一名运动员受伤、生病或缺席，不得变更其配对。

（6）重新抽签

除特殊情况外，不允许运动员从抽签的一个位置移到另一个位置。如果因任何原因使抽签结果极不平衡，应尽可能全部重新抽签。如果不平衡是由于同一抽签区内若干种子选手缺席造成的，只可将剩余种子重新排列顺序，在种子范围内重新抽签，尽可能考虑按协会提名排种子的规定。

（7）增补

抽签时未包括在一个项目内的运动员，由竞赛管理委员会许可及经裁判长同意，可以增补。增补时，首先应按排名顺序，将实力最强的增补运动员补抽进种子位的空缺。然后，将多出的选手先抽入因缺席或取消资格而出现的空位，而后抽入不与种子位相邻的轮空位。如果运动员或双打配对按照排名可以作为种子进入原抽签，则只能抽入种子位的空缺。

第四节 | 乒乓球裁判法

裁判工作是乒乓球运动的重要组成部分。比赛中，裁判充当着组织者并控制比赛进行，判定得失分等重要角色。"手势"是临场裁判员除了口语之外的另一种比赛提示方法。在比赛过程中，现场观众因角度、距离等因素看不到比分的情况下，裁判员的手势就可以成为一种让观众了解比赛进程的信息来源。

一　裁判用品

裁判员应有基本的、必要的器材和工具。这些包括比赛用球、裁判椅（主裁判椅和副裁判椅）、挑边器、量网尺、毛巾、毛巾盘、记分表格、记分板夹、圆珠笔、秒表、秩序册、裁判桌、记分器（人工、机械或电子积分器）、队名牌、局分、T牌、红黄白牌以及裁判长主持抽签时所需用的器具；各类签卡（部分小型比赛中可用扑克牌代替）等。主、副裁判员需着装一致，应穿着与比赛用球颜色有差异的服装，穿软底正装鞋。

二　裁判员操作过程

（1）到达赛场，检查挡板、球台安放是否正确，球网是否调节好（在比赛中，若任何设备被扰乱，必须恢复原状后再继续比赛）。

（2）将比分显示器调到无比分状态。

（3）运动员到场后，在他们开始练习前，检查服装、号码布和球拍。如果是错误的运动员或是一块不符合规则的球拍，需提醒其及时更换。

（4）双打比赛中，检查运动员的服装是否相同，双方服装是否明显不同。若有运动员或队伍穿着不符合规定的服装，要求运动员更换服装。如果双方运动员的服装颜色相近并且都不同意更换时，抽签决定。

（5）监控练习时间，练习时间到后告知运动员停止训练。劝阻运动员不要在练习后与教练磋商而延误比赛时间。

（6）在双方运动员均在场的情况下，用挑边器或硬币决定发球、接发球和方位，在记分表上记下发球方，双打时需记录双打中的第一发球员。

（7）比赛开始前，检查毛巾是否放在裁判员附近的容器里，不允许挂在挡板上，任何其他物品，如背包、挂饰等，必须放在赛场外。

（8）当运动员准备后，宣布或手指向发球方，报"0比0"，同时将比分翻到"0∶0"。

（9）发球开始时，开动计时器，比赛中断时，诸如擦汗、球飞出赛区，停止计时器，并在比赛重新开始时重新开动。

（10）每一回合结束立即报分，或用手势示意，或两者兼用。如果换发球，手指向或报出下一个发球球员的名字。

（11）劝阻运动员不要在发球前停顿太长时间或通过拍球等动作拖延时间，必要时提醒他们继续比赛。

（12）一局比赛中，确保在回合过程中运动员不得接受任何场外指导，第一次非法指导，用黄牌警告指导者，如其再犯，亮红牌，责令其离开赛区。

（13）一局结束，宣布胜者和当时的局分，将显示器上的局分保留一段时间，在记录表上记录成绩后，除去记分器上的比分。

（14）每局结束后，收回比赛用球，或带在身边，或放在赛台上，以备下一局比赛。掌握局间休息时间，时间截止后立即召回运动员，开启下一局比赛。

（15）一场比赛结束，宣布比赛结果以及团体赛中当时的场分，填写记分表，并请运动员签名，团体赛结束时应请队长签名。

（16）比赛全部结束后，将所有文件和器材交给有关比赛工作人员。

（17）离开赛场时，收好所有比赛用球，将比分显示器调回到无任何显示，检查是否有衣服、毛巾或其他物品遗留在场内。

三　报分

（1）当球一结束比赛状态，或在情况允许时，裁判员应立即报分。

（2）一局比赛开始和交换发球员时，裁判员在报完比分后，用手势指明发球方。

（3）一局比赛结束时，裁判员应先报胜方运动员的姓名，然后报胜方的得分数，再报负方的得分数。

四　裁判员评判手势

"手势"是临场裁判员除了口语之外的另一种比赛提示方法。在比赛过程中，现场观众因角度、距离等因素看不到比分的情况下，裁判员的手势就可以成为一种让观众了解比赛进程的信息来源。

1. 发球

在一局比赛，运动员第一次发球，或下一轮发球前，裁判员在报出发球方姓名的同时，五指并拢，手臂自然伸直指向发球方，示意该运动员发球。该手势同样适用于一局比赛或一场比赛结束后，裁判员宣布比赛结果时，手臂也应指向获胜方。

2. 报分

当判得分时，裁判员应将靠近得分方的手臂举起，使上臂水平，前臂垂直，手握拳向上。在临场操作时，裁判员应尽量使大臂与躯体、小臂与大臂形成直角状态，握拳的虎口部分朝向头部。

3. 比赛或练习暂停

比赛时，当"停止练习""时间到""发球犯规""擦网""暂停""外界球进入场地"以及因其他因素需要裁判员宣布暂停时，裁判员在报出"停止练习""擦网"等临场术语的同时，五指并拢，手臂自然伸直上举。在操作时，裁判员应注意手臂尽量上举过头，避免过度前倾。

4. 擦边

回合中，当处于比赛时球"擦边"后暂停比赛状态，裁判员在报出"擦边"

的同时，应用靠近擦边一侧的食指指向球台，示意这一回合球擦边。

五　裁判员坐姿要求

1. 主裁判

在临场执法时，主裁判需上身端坐，两腿及双膝尽量靠拢，双手自然放在双膝或座椅扶手或裁判椅搭板上。在比赛过程中，主裁判应身体略微前倾，全神贯注地关注比赛。在比赛间歇时，上身可以靠在椅背上休息。为了方便看清运动员发球是否擦网，主裁判的身体重心和观察视线可稍与球网的垂直线错开一些距离。

2. 副裁判

比赛中，副裁判的坐姿与主裁判相同，双手握在裁判桌上记分器的两侧。

六　入场及退场

1. 入场

一般正式比赛，在每一单元开始时会安排裁判员统一入场，一般有以下两种方式。

（1）两名裁判员（主、副裁判）

主裁判在前，副裁判及双方运动员在后依次进入场地或主裁判在前，双方运动员在中间，副裁判在后依次进入场地。进入场地后，裁判应面向主席台或比赛横幅或指定位置站立，停顿短暂片刻即开始比赛。

（2）一名裁判员

裁判员在前，带领双方运动员入场。进入场地后，裁判应面向主席台或比赛横幅或指定位置站立，停顿短暂片刻即开始比赛。

不安排统一入场的比赛时，裁判员可自行列队进入场地，站在球台两侧等候运动员入场。裁判员无论面向哪方站立，球台应始终置于他的前面。

2. 退场

（1）一场比赛结束时，主裁判需及时准确记录比分，填写记分单。副裁判应收回比赛用球，确认主裁判完成记录比分后，将记分器显示至无比赛状态。站

在裁判桌旁等待主裁判。

（2）主裁判完成工作后走到副裁判一侧，双方面向球台略作停顿，然后主裁判在前，成一列纵队退出比赛场地。进场及退场时裁判员要避免跨越比赛挡板。

附录

全国青少年乒乓球等级考试

全国青少年乒乓球等级考试，起 1 级，止 9 级，内容循序渐进，前六级突出乒乓球八大基础技术、六种基本旋转、七种基本步法的学习，后三级着重先进核心技术的学习，突出基础与专业衔接的问题，6 级水平相当于专业乒乓球运动员 3 级水平，9 级水平相当于专业乒乓球运动员 2 级水平。

考级目的：引领和规范乒乓球培训市场，为广大乒乓球爱好者提供一个权威、科学、可持续发展的良性考级平台。

考级方法：考生采用陪考官对打、发球机发球、自己发球这三种方式进行考试，委员会通过直播进行监考。

报名按顺序：逐级报考，每次报名可报一级或多级。

考试地点：1~5 级考试，考生可选择在任一考点进行考试，可选择该考点任一陪考官；6~8 级考试，考生需在具有 6~8 级考试资格的考点进行考试，陪考官由乒乓球等级考试委员会安排；9 级考试，考生需在具有 9 级考试资格的考点进行考试，陪考官由乒乓球等级考试委员会安排。

等级评定：

（1）证书等级评定要求：要求该等级和前面的等级全部通过。

（2）有中间等级没通过的，按证书等级评定要求颁发证书，保留未能获得证书的等级成绩。

举例：考生报考了 1、2、3、4、5 级，实际考试中通过了 1、2、3、5 级，考生能获得 3 级证书，5 级成绩在系统中保留成绩。考生以后通过了 4 级考试，能获得 5 级证书。

第一节　考生报名

一、考生报名条件

热爱乒乓球运动，具有达到半年以上球龄基础的大众人群均可报名。

二、收费标准

北京、上海、广州、深圳及其他省会、直辖市每一等级考试费用人民币 200 元，其他各地区城市每一等级考试费用人民币 160 元。

三、考生报名流程

通过行业注册的乒乓球俱乐部填写报名申请表、报名资料及考试级别。报名费收取、考试成绩公布、成绩审核、颁发证书以及选择 6~9 级考试的陪考官由所在地区考试委员会统一安排。

第二节　乒乓球 9 级内容与标准

通则：

（1）本规定均以右手持拍考生为例，左手持拍考生与之相反。

（2）考试出现外界或不可抗等因素干扰考试现象，监考官要立即停表与停止考试，干扰过后，考试继续，前面考试成绩有效。

（3）考生失误，计数重新计算（不包含发球）。

（4）陪考官、发球机失误或出现擦网、擦边、过线，都不算失误，考试继续，累进计数。考试暂停，计时暂停；考试继续，计时继续。

（5）发球、器材等未尽事宜，均按国际乒联最新规则执行。

一、一级内容与标准

内容 1：右 1/2 台连续正手攻球 60 板/min。

考试方法：考生正手攻球，陪考官推（拔）或攻，考生在 1min 内，正手攻球 60 板，判定合格。3 次考试机会。

评定方法：右半台区域为有效攻击区域，压中线为有效球；越过中线为失误，要重新计数。考试过程中，出现反手击球，不计数，也不算失误，考试继续。

内容 2：左 1/2 台连续反手推（拨）球 60 板/min。

考试方法：考生与陪考官对推或拨，考生在 1min 内，反手推（拨）球 60 板，判定合格。3 次考试机会。

评定方法：左半台区域为有效攻击区域，压中线为有效球；越过中线为失误，需重新计数。考试过程中，出现正手击球，不计数，也不算失误，考试继续。

内容 3：正手平击发球 10 个。

考试方法：左、右 1/3 台各画一条标志线，考生发的 10 个球中，必须是左右 1/3 区各 5 个，总计成功 7 个，判定合格。1 次考试机会（10 个发球为 1 次）。

评定方法：考官有义务提醒考生每边各发了几个。压 1/3 线或擦边均为好球，擦网重发。发球高度不能超过球网两倍（30.5cm），发球速度在中等速度或以上，否则，算失误，以考官判定为准。

二、二级内容与标准

内容 1：连续左推（拨）右攻 60 板（30 组）/min。

考试方法：陪考官推或拨考生左、右 1/3 台，考生左推（拨）右攻到陪考官固定区域（不做详细规定）。考生在 1min 内，击球达到 60 板（30 组），判定合格。3 次考试机会。

评定方法：左右 1/3 区域为有效击球区域，压中线为有效球；越过中线为无效球，不计板数。考试过程中，出现两次或以上正手或反手连续击球，不计数，也不算失误，考试继续。

内容 2：连续推挡（拨球）侧身扑正手 30 板（10 组）/40s。

考试方法：陪考官按推挡（拨球）侧身扑正手攻的落点要求推考生左、右 1/3 台区域，考生推挡（拨球）侧身扑正手攻到陪考官固定区域（不做详细规定）。考生在 40s 内，击球达到 30 板（10 组），判定合格。3 次考试机会（40s

为 1 次）。

评定方法：左右 1/3 区域为有效击球区域，压中线为有效球；越过中线为无效球，不计板数。考试过程中，出现两次或以上正手或反手连续击球，不计数，也不算失误，考试继续。

内容 3：侧身正手发急长球 10 个。

考试方法：左、右 1/3 台各画一条标志线，离端线 30cm 处再画一条平行线，考生左半台侧身站位发的 10 个球中，必须是左、右 1/3 区和端线附近各 5 个，总计成功 7 个，判定合格。1 次考试机会（10 个发球为 1 次）。

评定方法：考官有义务提醒考生每边各发了几个。擦边为好球，擦网重发。发球高度不能超过球网两倍，否则，算失误，以考官判定为准。发球速度在中等速度以上，否则，算失误，以考官判定为准。球必须落在 1/3 台和端线附近（30cm）区域，否则，算失误，压线为有效球。

内容 4：正、反手接全台不定点急长球 10 个。

考试方法：左、右 1/3 台各画一条标志线，陪考官发急长球到考生左右 1/3 区不定点各 5 个，考生接发球，考生必须回球到球台左、右 1/3 区各 5 个，总计成功 7 个，判定合格。1 次考试机会（10 个发球为 1 次）。

评定方法：考官有义务提醒考生每边各接了几个球。陪考官发球擦边，擦网均重发。陪考官发球要求同内容 3，否则，算失误，以考官判定为准。考生回球必须落在左、右 1/3 台区域，否则，算失误。回接球压线、擦边、擦网后上台均为有效球。

三、三级内容与标准

内容 1：右 1/2 台正手连续搓 30 板/1 球。

考试方法：陪考官与考生右 1/2 台对搓，考生 1 个球连续搓 30 板，判定合格。3 次考试机会。

评定方法：右半台区域为有效击球区域，压中线为有效球；越过中线为失误。搓的过程中，出现反手搓球，不计数，也不算失误，考试继续。陪考官失误，累进计数，考试继续。出现擦网、擦边，不算考生失误，累进计数，考试继续。搓球要有明显摩擦与下旋，否则，不计数，考试继续，连续搓球不转 5 板以上，不计成绩。

内容 2：左 1/2 台反手连续搓 30 板/1 球。

考试方法：陪考官与考生左 1/2 台对搓，考生 1 个球连续搓 30 板，判定合格。3 次考试机会。

评定方法：左半台区域为有效击球区域，压中线为有效球；越过中线为失误。搓的过程中，出现正手搓球，不计数，也不算失误，考试继续。陪考官失误，累进计数，考试继续。出现擦网、擦边，不算考生失误，累进计数，考试继续。搓球要有明显摩擦与下旋，否则，不计数，考试继续，连续搓球不转 5 板以上，不计成绩。

内容 3：正手下旋发球 10 个。

考试方法：左、右 1/3 台各画一条标志线，考生发的 10 个球中，必须是左右 1/3 区各 5 个，总计成功 7 个，判定合格。1 次考试机会（10 个发球为 1 次）。

评定方法：考官有义务提醒考生每边各发了几个。压 1/3 线或擦边均为有效球，擦网重发。发球高度不能超过球网两倍，否则，算失误，以考官判定为准。发球旋转在中等强度或以上，否则，算失误，以考官判定为准。

内容 4：左 2/3 台不定点正手发力攻 10 板/15s。

考试方法：陪考官发左 2/3 台不定点半高多球（两倍网高或以上），考生正手发力攻球，考生在 15s 内，连续攻球 10 板，成功 7 板，判定合格。3 次考试机会（15s 为 1 次）。

评定方法：发力攻的过程中，出现反手击球，不计数，也不算失误，考试继续。出现擦网后上台、擦边，为有效球，累进计数。考生发力攻时，力量必须是自身最大力量的 70% 或以上，否则，不计数，以考官认定为准。

内容 5：左 1/2 台不定点连续反手发力（推）攻 10 板/15s。

考试方法：陪考官发左 1/2 台不定点半高多球（两倍网高或以上），考生反手发力（推）攻球，考生在 15s 内，连续（推）攻球 10 板，成功 7 板，判定合格。3 次考试机会（15s 为 1 次）。

评定方法：发力（推）攻的过程中，出现正手击球，不计数，也不算失误，考试继续。出现擦网后上台、擦边，为有效球，累进计数。考生发力（推）攻

时，力量必须是自身最大力量的 70%或以上，否则，不计数，以考官认定为准。

四、四级内容与标准

内容 1：全台不定点连续快搓 30 板/40s。

考试方法：陪考官与考生对搓，陪考官搓考生全台不定点，考生搓陪考官一点或半台。考生在 40s 内，达到 30 板，判定合格。3 次考试机会（40s 为 1 次）。

评定方法：陪考官搓球过程中，一个方向上发球不能连续超过三次，三次以上不计数。考生失误或越过中线，算本次考试失败，重新开始。考生回球，压中线、擦网后上台、擦边，为有效球，累进计数。陪考官失误或擦网、擦边，不算考生失误，累进计数，考试继续。考生搓球要有明显摩擦与下旋，否则，不计数，考试继续，连续搓球不转 5 板以上，不计成绩。

内容 2：右 1/2 台正手劈长斜线 10 板。

考试方法：陪考官发右 1/2 台下旋平网球，考生正手劈长斜线（右 1/2 台），成功 7 板，判定合格。3 次考试机会。

评定方法：考生劈长时，要体现出明显的力量、速度和旋转特征，否则，不计数，以考官认定为准。出现擦网后上台、擦边，为有效球。

内容 3：左 1/2 台反手劈长斜线 10 板。

考试方法：陪考官发左 1/2 台下旋平网球，考生反手劈长斜线（左 1/2 台），成功 7 板，判定合格。3 次考试机会。

评定方法：考生劈长时，要体现出明显的力量、速度和旋转特征，否则，不计数，以考官判定为准。出现擦网后上台、擦边，为有效球。

内容 4：正手侧身左侧上、下旋发球 12 个。

考试方法：左、右 1/3 台各画一条标志线，考生左半台侧身站位发 12 个球，先发 6 个左侧上旋球，再发 6 个左侧下旋球，必须是左、右 1/3 区，总计成功 9 个，判定合格。1 次考试机会（12 个发球为 1 次）。

评定方法：考官有义务提醒考生发球区域。发球旋转强度与速度中等或以上，发球高度不能超过球网两倍，否则，算失误，以考官判定为准。球必须按规定落在左、右 1/3 台区域，否则，算失误。压线、擦边为有效球，擦网重发。

内容 5：左 1/2 台侧身正手接左侧上、下旋球各 10 个。

考试方法：左、右 1/3 台各画一条标志线，陪考官发左侧上与左侧下旋球各 10 个，考生左半台站位，分别使用正手侧身攻球接左侧上旋球，搓球接左侧下旋球。考生攻（搓）到陪考官左、右 1/3 区各 10 个，总计成功 14 个，判定合格。1 次考试机会（左侧上与左侧下旋接发球各 10 个为 1 次机会）。

评定方法：考官有义务提醒考生接发球区域。陪考官发球擦边、擦网均重发。陪考官发球旋转强度中等或以上。考生回接球必须按规定落在左、右 1/3 台区域，否则，算失误。回接球压线、擦边、擦网后上台为有效球。

内容 6：左 1/2 台反手接左侧上、下旋球各 10 个。

考试方法：左、右 1/3 台各画一条标志线，陪考官发左侧上与左侧下旋球各 10 个，考生左半台站位，分别使用反手推或拨接左侧上旋球，搓球接左侧下旋球。考生推或拨（搓）到陪考官左、右 1/3 区各 10 个，总计成功 14 个，判定合格。1 次考试机会（左侧上与左侧下旋接发球各 10 个为 1 次机会）。

评定方法：考官有义务提醒考生接发球区域。陪考官发球擦边、擦网均重发。陪考官发球旋转强度中等或以上。考生回接球必须按规定落在左、右 1/3 台区域，否则，算失误。回接球压线、擦边、擦网后上台为有效球。

五、五级内容与标准

内容 1：右 1/2 台连续正手拉上旋球 60 板/min。

考试方法：考生正手拉上旋球，陪考官推（拨），考生在 1min 内，达到 60 板，判定合格。3 次考试机会。

评定方法：右半台区域为有效击球区域，压中线为有效球，越过中线为失误，要重新计数。拉的过程中，出现反手击球，不计数，也不算失误，考试继续。陪考官失误，累进计数，考试继续。出现擦网、擦边，不算考生失误，累进计数，考试继续，如中间有停顿，则停计时表。

内容 2：左 1/2 台连续反手拉上旋球 60 板/min。

考试方法：考生反手拉上旋，陪考官推（拨），考生在 1min 内，达到 60 板，判定合格。3 次考试机会。

评定方法：左半台区域为有效击球区域，压中线为有效球。越过中线为失误，要重新计数。拉的过程中，出现正手击球，不计数，也不算失误，考试继

续。陪考官失误，累进计数，考试继续。出现擦网、擦边，不算考生失误，累进计数，考试继续，如中间有停顿，停表。

内容3：连续左推（拨）右拉60板（30组）/min。

考试方法：陪考官推或拨考生左、右1/3台，考生左推（拨）右拉到陪考官固定区域（不做详细规定）。考生在1min内，达到60板，判定合格。3次考试机会。

评定方法：左右1/3区域为有效击球区域，压中线为有效球，越过中线为无效球，不计板数。考试过程中，出现两次或以上正手或反手连续击球，不计数，也不算失误，考试继续。出现擦网、擦边，不算考生失误，累进计数，考试继续。

内容4：反手右侧上、下旋发球12个。

考试方法：左、右1/3台各画一条标志线，考生左半台站位发12个球，其中，先发6个右侧上旋球，再发6个右侧下旋球，必须是左、右1/3区，总计成功9个，判定合格。1次考试机会（12个发球为1次）。

评定方法：考官有义务提醒考生发球区域。发球旋转强度与速度中等或以上，发球高度不能超过球网两倍，否则，算失误，以考官判定为准。球必须按规定落在左、右1/3台区域，否则，算失误。压线、擦边为有效球，擦网重发。

内容5：右1/2台正手接右侧上、下旋球各10个。

考试方法：陪考官发右侧上与右侧下旋球各10个，考生左半台站位，分别使用正手攻或拉接右侧上旋球和搓球接右侧下旋球。考生攻或拉（搓）到陪考官左、右1/3区各10个，总计成功14个，判定合格。1次考试机会（右侧上与右侧下旋接发球各10个为1次机会）。

评定方法：考官有义务提醒考生接发球区域。陪考官发球旋转强度中等或以上。考生回接球必须按规定落在左、右1/3台区域，否则，算失误。回接球压线、擦边、擦网后上台为有效球。

内容6：左1/2台反手接右侧上、下旋球各10个。

考试方法：陪考官发右侧上与右侧下旋球各10个，考生左半台站位，分别使用反手推、拨或拉接右侧上旋球和搓球接右侧下旋球。考生推、拨或拉（搓）到陪考官左、右1/3区各10个，总计成功14个，判定合格。1次考试机会（右侧上与右侧下旋接发球各 10 个为 1 次机会）。

评定方法：考官有义务提醒考生接发球区域。陪考官发球旋转强度中等或以上。考生回接球必须按规定落在左、右 1/3 台区域，否则，算失误。回接球压线、擦边、擦网后上台为有效球。

六、六级内容与标准

内容 1：右 1/2 台正手拉下旋球 20 板。

考试方法：发球机按 30 板/min 发球频率，发球到考生右 1/2 台定点区域，旋转强度为下旋 40~50 转区间。考生连续拉 20 板到对方右 1/2 台区域，成功 14 板，判定合格。1 次考试机会（30 个发球为 1 次）。

评定方法：拉球出现压中线、擦边、擦网后上台为有效球。考生拉球时，球拍触球瞬间必须是前倾或垂直状态，必须有明显的摩擦动作和效果，否则，算失误，以考官判定为准。发球机发球出现失误、擦网等，不算考生失误，不计数，考试继续。

内容 2：左 1/2 台反手拉下旋球 20 板。

考试方法：发球机按 30 板/min 发球频率，发球到考生左 1/2 台定点区域，旋转强度为下旋 40~50 转区间。考生连续拉 20 板到对方左 1/2 台区域，成功 14 板，判定合格。1 次考试机会（30 个发球为 1 次）。

评定方法：拉球出现压中线、擦边、擦网后上台为有效球。考生拉球时，必须有明显的摩擦动作和效果，否则，算失误，以考官判定为准。发球机发球出现失误、擦网等，不算考生失误。

内容 3：左搓右拉 10 组。

考试方法：发球机按 30 板/min 发球频率，发球到考生左、右 1/3 台定点区域，旋转强度为下旋 40~50 转区间。考生左搓右拉 10 组到对方右 1/2 台区域，成功 7 组，判定合格。3 次考试机会。

评定方法：本考试以组为单位，搓或拉任一板失误，均算本组失误。搓球、拉球出现压中线、擦边、擦网后上台为有效球。考生拉球时，球拍触球瞬间必须是前倾或垂直状态，必须有明显的摩擦动作和效果，否则，算失误，以考官判定为准。发球机发球出现失误、擦网等，不算考生失误，重新开始。

内容 4：左搓侧身拉 10 组。

考试方法：发球机按 30 板/min 发球频率，发球到考生、左 1/3 台定点区域，旋转强度为下旋 40~50 转区间。考生左搓后，接侧身拉 10 组到对方左 1/2 台区域，成功 7 组，判定合格。3 次考试机会。

评定方法：本考试以组为单位，搓或拉任一板失误，均算本组失误。搓球、拉球出现压中线、擦边、擦网后上台为有效球。考生拉球时，球拍触球瞬间必须是前倾或垂直状态，必须有明显的摩擦动作和效果，否则，算失误，以考官判定为准。发球机发球出现失误、擦网等，不算考生失误，重新开始。

内容 5：左搓反手拉 10 组。

考试方法：发球机按 30 板/min 发球频率，发球到考生左 1/3 台定点区域，旋转强度为下旋 40~50 转区间。考生左搓后，接反手拉 10 组到对方左 1/2 台区域，成功 7 组，判定合格。3 次考试机会。

评定方法：本考试以组为单位，搓或拉任一板失误，均算本组失误。搓球、拉球出现压中线、擦边、擦网后上台为有效球。考生拉球时，必须有明显的摩擦动作和效果，否则，算失误，以考官判定为准。发球机发球出现失误、擦网等，不算考生失误，重新开始。

七、七级内容与标准

内容 1：右 1/2 台正手摆短 20 板。

考试方法：陪考官发下旋短球，发球到考生右 1/2 台近网固定区域，考生连续摆短 20 板，成功 14 板，判定合格。3 次考试机会。

评定方法：陪考官发下旋球，中等或以上强度，在台面能够两跳或以上。考生摆短，弧线要不高过一倍网高，在台面 2 跳或以上，否则，算失误，以考官判定为准。摆的过程中，出现擦网后上台、擦边为有效球。陪考官发球失误、擦网、两跳出台、球高于两倍网高等，不算考生失误，不计数，考试继续。

内容 2：左 1/2 台反手摆短 20 板。

考试方法：陪考官发下旋短球，发球到考生左 1/2 台近网固定区域，考生连续摆短 20 板，成功 14 板，判定合格。3 次考试机会。

评定方法：陪考官发下旋球，中等或以上强度，在台面能够 2 跳或以上。考生摆短，弧线要求不高过一倍网高，在台面 2 跳或以上，否则，算失误，以考官判定为准。摆的过程中，出现擦网后上台、擦边为有效球。陪考官发球失误、擦网、两跳出台、球高于两倍网高等，不算考生失误，不计数，考试继续。

内容 3：右 1/2 台连续正手冲上旋球 10 板。

考试方法：陪考官推或带考生右 1/2 台不定点，考生移动中正手连续冲陪考官右 1/2 台。一个球连续冲 10 板，判定合格。3 次考试机会。

评定方法：考生冲的过程中，出现反手击球，不计数，也不算失误，考试继续。考生出现擦网后上台等为有效球，重新开始。考生回球压中线为好球，考试继续。考生连续冲时，力量必须是自身最大力量的 70% 或以上，否则，不计数，以考官判定为准。陪考官回球出现越中线、擦网、擦边、失误等，不算考生失误，重新开始。

内容 4：左 1/2 反手快拉（拨）接快撕 10 组。

考试方法：陪考官推或带考生左 1/2 台不定点，考生回球到陪考官左 1/2 台。考生移动中反手连续快拉接反手发力快撕为成功一组，连续 10 组。成功 7 组，判定合格。1 次考试机会（10 组球为 1 次）。

评定方法：考生连续快拉板数不能超过 5 板，超过，为失误。考试过程中，考生出现任何失误，算失误一组。出现正手击球，不计数，也不算失误，考试继续。考生出现擦网后上台、擦边，为有效球，不计失误，重新开始。考生回球压中线为好球，考试继续。快撕必须是自身最大力量的 70% 或以上，否则，算失误一组，以考官判定为准。陪考官回球出现擦网、越中线、擦边、失误等，不算考生失误，重新开始。

内容 5：反手快推（拨）接快拉接侧身正手左 2/3 台连续冲（3 板）10 组。

考试方法：陪考官推或带考生左 1/2 台不定点，考生回球到陪考官左 1/2 台。考生移动中反手连续快推（拨）接反手快拉接侧身正手左 2/3 台，连续冲（3 板）为成功一组，连续冲 10 组。成功 7 组，判定合格。1 次考试机会（10 组球为 1 次）。

评定方法：考生连续快推（拨）板数不能超过 5 板，超过，为失误。考试过程中，考生出现任何失误，算失误一组。考生正手连续冲必须是自身最大力量的 70% 或以上，否则，算失误一组，以考官判定为准。考生出现擦网后上台为有效

球，不计失误，重新开始。考生压中线为好球，考试继续。陪考官回球出现擦网、越中线、擦边、失误等，不算考生失误，重新开始。

八、八级内容与标准

内容 1：正手台内挑打 20 板。

考试方法：陪考官发下旋短球，发球到考生右 1/2 台台内固点区域。考生左半台站位，上前挑打到对方左、右 1/3 台区域各 10 板，成功 14 板，判定合格。1 次考试机会（20 个发球为 1 次）。

评定方法：考官有义务提醒考生挑打区域。陪考官发球旋转强度中等或以上。挑打出现压中线、擦边、擦网后上台为有效球。考生挑打时，必须是中等力量或以上，否则，算失误一板，以考官判定为准。陪考官发球失误、擦网、两跳出台、球高于两倍网高等，不算考生失误，不计数，考试继续。

内容 2：反手台内侧拧 20 板。

考试方法：陪考官发下旋短球，发球到考生左 1/2 台台内固点区域。考生左半台站位，上前侧拧到对方左、右 1/3 台区域各 10 板，成功 14 板，判定合格。1 次考试机会（20 个发球为 1 次）。

评定方法：考官有义务提醒考生侧拧区域。陪考官发球旋转强度中等或以上。侧拧出现压中线、擦边、擦网后上台为有效球。考生侧拧时，旋转必须是中等强度或以上，否则，算失误一板，以考官判定为准。陪考官发球失误、擦网、两跳出台、球高于两倍网高等，不算考生失误，不计数，考试继续。

内容 3：右 1/2 正手前冲下旋球 20 板。

考试方法：发球机按 30 板/min 发球频率，发球到考生右 1/2 台定点区域，旋转强度为下旋 40~50 转区间。考生连续正手前冲到对方右 1/2 台区域，成功 14 板，判定合格。1 次考试机会（20 个发球为 1 次）。

评定方法：考生正手前冲时出现压中线、擦边、擦网后上台为有效为好球。前冲必须有明显的摩擦和前冲动作，力量必须是自身最大力量的 70% 或以上，否则，算失误一组，以考官判定为准。发球机发球出现失误、擦网等，不算考生失误，不计数，考试继续。

内容 4：左 1/2 反手前冲下旋球 20 板。

考试方法：发球机按 30 板/min 发球频率，发球到考生左 1/2 台定点区域，旋转强度为下旋 40～50 转区间。考生连续反手前冲到对方左 1/2 台区域，成功 14 板，判定合格。1 次考试机会（20 个发球为 1 次）。

评定方法：考生反手前冲时出现压中线、擦边、擦网后上台为有效球。前冲必须有明显的摩擦和前冲动作，力量必须是自身最大力量的 70%或以上，否则，算失误一组，以考官判定为准。发球机发球出现失误、擦网等，不算考生失误，不计数，考试继续。

内容 5：左搓侧身冲 10 组。

考试方法：发球机按 30 板/min 发球频率，发球到考生左 1/2 台定点区域，旋转强度为下旋 40～50 转区间。考生左搓后，接侧身正手前冲到对方左 1/2 台区域为成功一组，连续 10 组。成功 7 组，判定合格。1 次考试机会（10 组球为 1 次）。

评定方法：本考试以组为单位，搓或冲任一板失误，均算本组失误。回球时出现压中线、擦边、擦网后上台为有效球。前冲必须有明显的摩擦和前冲动作，力量必须是自身最大力量的 70%或以上，否则，算失误一组，以考官判定为准。发球机发球出现失误、擦网等，不算考生失误，不计数，考试继续。

九、九级内容与标准

内容 1：右 1/2 台正手反拉加转弧圈球 20 组。

考试方法：陪考官发球到考生左 1/2 台区域，考生搓陪考官左 1/2 台区域，陪考官侧身拉考生右 1/2 台，考生右 1/2 台正手反拉陪考官右 1/2 台区域为成功一组，连续 20 组。成功 14 组，判定合格。1 次考试机会（20 组球为 1 次）。

评定方法：本考试以组为单位，搓或反拉任一板失误，均算本组失误。考生击球时出现压中线、擦边、擦网后上台为有效球。反拉必须是中等以上力量，具有明显的主动进攻意识，否则，算失误一组，以考官判定为准。陪考官发球失误、擦网、擦边、过线等，不算考生失误，不计组数，重新开始。

内容 2：左 1/2 台反手快震前冲弧圈球 20 组。

考试方法：陪考官发球到考生左 1/2 台区域，考生搓陪考官左 1/2 台区域，陪考官侧身拉考生左 1/2 台，考生左 1/2 台反手快震陪考官右 1/2 台区域为成功

一组,连续 20 组。成功 14 组,判定合格。1 次考试机会(20 组球为 1 次)。

评定方法:本考试以组为单位,搓或快震任一板失误,均算本组失误。考生击球时出现压中线、擦边、擦网后上台为有效球。快震必须是中等以上力量,具有明显的主动进攻意识,否则,算失误一组,以考官判定为准。陪考官发球失误、擦网、擦边、过线等,不算考生失误,不计组数,重新开始。

内容 3:右 2/3 中远台正手连续对拉 10 板/1 球。

考试方法:陪考官发球后,考生与陪考官中远台右 2/3 台不定点对拉,考生连续对拉 10 板,判定合格。3 次考试机会。

评定方法:右 2/3 台区域为有效击球区域。考生对拉时出现擦边、擦网后上台,为有效球,不计失误,重新开始。考生压线为有效球,不计失误,累进计数,考试继续。陪考官发球失误、擦网、擦边、过线等,不算考生失误,不计组数,重新开始。

备注:

(1)如出现陪考官水平问题(发球出现三次不到位或不符合要求等现象),监考官有权决定是否更换陪考官,考生已通过的考试内容均为有效。

(2)现阶段考级内容主要针对当前正胶、反胶的常规打法,生胶、长胶等其他打法的考级内容与标准,将随后推出。

参考
文献

[1] 周爱光，刘丰德.乒乓球运动.北京：高等教育出版社,2014.

[2] 施之皓.现代乒乓球运动教程.北京：高等教育出版社,2018.

[3] 王海燕，姜来.乒乓球教程.北京：化学工业出版社,2017.

[4] 中国乒乓球协会.乒乓球竞赛规则.北京：人民体育出版社,2016.

[5] 戚一峰，李荣芝.乒乓球教程.上海：上海交通大学出版社,2019.

[6] 田崎俊雄.乒乓球基础与实战.王爽威，译.北京：人民邮电出版社,2016.

[7] 周爱国.体能训练理论与方法.北京：北京体育大学出版社,2020.

[8] 张玉超.大学体育与健康教程.北京：高等教育出版社,2020.

[9] 毛振明.体育教学实用案例.北京：人民大学出版社,2010.

[10] 唐建军.现代乒乓球技术教学法.北京：北京体育大学出版社,2007.